听话 不要一直看手机

汪培珽 著

中国致公出版社

图书在版编目（CIP）数据

听话，不要一直看手机 / 汪培珽著 . -- 北京 : 中国致公出版社 , 2021

ISBN 978-7-5145-1714-9

Ⅰ . ①听… Ⅱ . ①汪… Ⅲ . ①家庭教育—通俗读物 Ⅳ . ① G78-49

中国版本图书馆 CIP 数据核字 (2020) 第 203925 号

著作权合同登记 图字：01-2020-7256 号

听话，不要一直看手机 / 汪培珽 著

出　　版 中国致公出版社
（北京市朝阳区八里庄西里 100 号住邦 2000 大厦 1 号楼西区 21 层）
发　　行 中国致公出版社（010-66121708）
策划编辑 李　娟
责任编辑 丁琪德
特约编辑 刘　柳
装帧设计 马顾本
印　　刷 三河市中晟雅豪印务有限公司
版　　次 2021 年 1 月第 1 版
印　　次 2021 年 1 月第 1 次印刷
开　　本 880 毫米 ×1230 毫米　1/32
印　　张 9.5
字　　数 280 千字
书　　号 ISBN 978-7-5145-1714-9
定　　价 48.00 元

当初我不知道，

孩子小时候，竟然可以可爱到这种程度。

如果谁能事先告诉我，

我会多一百倍地去珍惜那段美好的时光。

而且，那时候他们好爱妈妈，

跟青少年比起来，至少多爱一百倍。

所以那段时光，就是 100 × 100 的美好。

等你回头去翻孩子小时候的照片，

就会想起我说的话。

目 录

不要一直
看手机。
发呆，
都好过
看手机。
我要
……

呼吸
早上
what?
时刻
冒险
现在
石子
而且
回答
意思
原来
麻烦
时候
接着
what?

别人的外表，不归你管

7 月 20 日　晴

跟着一群小朋友去踏青，当中也有我的孩子。山路不宽，孩子们随性地三三两两地走着，我突然听到孩子甲问孩子乙：“你家很有钱吗？”

为了解除孩子乙的尴尬，我马上加入他们聊天的行列：“不要问别人跟钱有关的事，那是不礼貌的喔。”我知道这样说，对于一个小学三年级、九岁的孩子来说，不够明白。于是补充道：“就像我不可以问你爸爸一个月赚多少钱，因为你爸爸也不想让别人知道他的薪水。”

因为好几个孩子，有些还是在美国长大的。我继续举一反三：

“在美国，不止不能问别人跟钱有关的事情，连‘结婚了没？’‘有几个小孩？’都是不能问的。”当你跟一个人的交情足够深时，自然会知道这些信息。单刀直入地问此类问题，即不合适也不礼貌。

爬完山，大家在路边等大人把车子开过来，当下没有可坐的地方，一个孩子顺势坐在路边的石头上。这时，孩子甲又开口问孩子乙：“你是不是很累？”然后上下打量了一番，继续说道：“你是不是太胖了？”

顿时，不管大人小孩，全都脸色大变。孩子甲被爸爸严肃地训斥了一顿，虽然大家什么都没说，但全部人的心里想的都是同一件事：有人说错话了。

五天后，我去了孩子甲的家。看到我来访，孩子甲很高兴，拉了把椅子坐在我旁边，断断续续地跟我说话。当时就我们两人，我想到了五天前的那件事。

“跟孩子讲道理，要多说几次。尤其是较抽象的事理，要举例。”大人和小孩的认知，在某些事情上有很大的落差。

“那天你说谁胖……”话还没说完呢，我就从孩子的表情中发现：大人以为“脸色”可以告诉孩子一些做人的道理，但有时候根本不行。

他完全忘了那件事，一点也想不起来。

当时在场的每一个人都被他的话吓坏了。原来大人的表情不管有多严肃，都不代表你已经将道理讲清楚了。

孩子真的是忘了，不是不好意思承认。因为从说错话那天，到接下来的日子，除了当时大人们的脸色，一定没有人再跟他提起这件事。我为什么要旧事重提呢？很简单，我不希望他一再犯错，遭人白眼。

不要让做错事的孩子当场难堪。事后讨论，孩子的尴尬不会像当下那么强烈，愿意把大人的话听进心里的，也会多一些。

我说："别人的外表，高矮胖瘦，都不可以说。"

我看到了孩子疑惑的眼神，我知道他心里在想什么。"你们学校的同学，是不是常有人取笑别人的外表，说谁发型太土、谁的衣服太丑、谁是胆小鬼……"孩子马上点头。

"你在学校会听到很多不好听的话，或是不该说的话。但是，我们不管别人，我们只要管好自己……只要是你觉得不好听的话，不管别人多常说，我们都不要说。”

孩子点头了。为了让他记得更清楚、更牢靠，我又讲了一个故事：十年前，我带四岁的姐姐到美国亲戚家过暑假。每天傍晚，我都会让一岁半的弟弟坐在娃娃车里，旁边跟着姐姐，在小区里散步。那天我们走了好远，姐姐突然冲去看地上的甲虫，一个踉跄，整个人向前扑去，右边的脸在没有缓冲的情况下，硬生生地抢在柏油路上……可想而知，那伤势有多可怕。其实伤势不重，但因为是擦伤，又在脸上，所以任谁看到，都会觉得不忍目睹。

我们没有看医生，自己擦擦药，日子还是照常过。可是，接下来的一星期，不管到哪里，姐姐脸上明显的伤，没有一个人问过。仿佛姐姐根本没有受伤，脸上光滑无瑕。

大家不是没看到，而是认为那不是自己该管的事情。

“为什么大家都看到姐姐脸上的伤，却没人开口问？”我问。

当初的弟弟如今已经十二岁了，说：“如果是关心呢？不可以问吗？”

“要看关系吧。你到底是出于关心还是好奇？”我说。

已经快十五岁的姐姐，说："关心也不见得要问。要是对方根本不想说，或者这个小孩受伤的原因是不能说的秘密呢，例如被暴力所伤。"光是问，可能又伤了别人一次。

即使不是令人尴尬的原因，但仔细想想，如果每个人看到后都想"关心"你，伤口十天半个月好不了，你想一直重复地跟不同人解释自己怎么了吗？可爱的小孩摇头，表示了解了。

"受伤的原因有很多种，不是每一种你都想让别人知道。"希望我的苦口婆心，可以帮他将道理记得牢一些。

不用了，谢谢

7 月 22 日　多雨

在养育孩子的过程中，父母除了要解决孩子的各种问题，还有面对另一种可怕的阻力——亲戚长辈们的干预。

中国人在这件事情上，虽然已经开始进步，但与理想还是有很大的差距。同处一个屋檐下，好像别人的孩子都是自己的，可以完全无视他们父母的存在。

很多新手父母都有一箩筐的苦水。食衣住行，都有人随便插手，帮你管教你的孩子。如果他们的观念与你的相同也罢，但偏偏是十万八千里远的两端。

今天我要谈的不是食衣住行，而是“礼物”。

从孩子懂事以来，除非有理由或节庆，不然我不会买非必需品给孩子。“妈妈，这支铅笔真好看。”“妈妈，这个小熊娃娃好可爱啊。”生活中，好东西太多了，如果想买就买，只会让孩子的心灵更贫乏，而不会更富足。

妈妈不随便买东西给孩子，规矩孩子已经知道了。从一开始，除了妈妈以外，不管是爷爷奶奶、外公外婆、舅舅舅妈，即使是再亲近的人，我清楚地告诉孩子：别人的礼物，我们不收。除了有特别的理由，例如生日。

为什么我这么不通人情？我是别无选择。中国人的习惯，不管你家的规矩如何，你依然可以我行我素。如果让小孩发现，原来我拿不到的东西可以从长辈这边得到，那妈妈的教养原则不是形同虚设吗？

“妈妈，今天跟舅舅出去，他说要送我乐高玩具。”

“妈妈，今天跟舅舅出去，我看到了一个特别好看的包包，舅舅就说要买给我。”

十三年过去了。姐姐和弟弟从来没有无故拿过舅舅的礼物。姐姐曾经问我，“我想要一台轻巧的小相机，舅舅刚好有一台，他说他用不着，想要送给我，可以吗？”

“不行。”原因很简单，那台相机舅舅是否没用，我们不得而知。但是，舅舅很想满足他最爱的外甥、外甥女的愿望，是很明显的。做妈妈的我不想买东西送给孩子吗？想，非常想。如果今天可以放宽这项规定，送孩子礼物的权利，我怎么舍得拱手让给别人呢？我自己就要先大买特买，怎么轮得到舅舅你啊。

十几年来，每次看着孩子眼巴巴的神情，我都忍了过来。哪个父母不想看到孩子被满足的兴奋神情？我之所以忍着，是因为我知道，好习惯、好品格不是与生俱来的。

随着孩子的年龄变大，妈妈养育孩子的方法也需要变通才对。两年前，姐姐很想接下舅舅的相机，但是妈妈不准。“孩子总有一天需要自己当家做主。凡事都要征求妈妈的同意，绝对不是长远之计。”今年，姐姐要升初二了，青春期该有的“反大人症状”早在一年前就开始浮现——我觉得时候到了。

“从此以后，孩子收不收你的礼物，让他们自己决定好不好？”暑假孩子又跟舅舅混在一起，我问了舅舅。

你知道这个舅舅有多高兴吗？他才是那只被禁锢了十几年的小鸟，突然可以放出笼子飞翔了。“好啊，好啊……我明天就要去买东西了。嘿嘿嘿！”

但是我没忘了我的犹豫：“因为他们现在想要的东西，都得靠看中文书，然后集零用钱来买，如果东西有人送，为什么要浪费力气看书呢？”

我的亲弟弟安慰我说：“你们一年才回来几次，他们总不会想要什么都等到这时候吧。”

“况且，你给他们的观念，已经‘刻’在他们的脑子里了，很难改变的。”他没说什么观念，我也没问。

第二天我就看到舅舅手上拿了一台最新款的相机，可以潜水十尺，防摔两尺，在我眼前晃啊晃的。意思很明显，是你自己说要放宽标准的，我这就要去“孝敬”我最爱的外甥女了……怎么样？

我心里还有另外的想法没明说：大方接受别人的好意，也是一种人生艺术。孩子大了，我必须给他们机会学习。

舅舅是我认识的人中最大方的一个。由他来给孩子这样的学习机会，什么礼物可以收、什么限度该停止，最适合不过了。

“妈——妈，姐姐拿了舅舅送的相机，这样很不好。”弟弟一进家门就大声嚷嚷、抗议连连。

“下次舅舅要送你乐高玩具时，你也可以拿啊——。”请小心，这种话我打死也不会。我只说：“是我让姐姐自己决定的。”他没接着问，那我呢。

他们的人生考验就要来了，姐姐、弟弟，小心接招。

后记

舅舅传来了一封电邮，是给弟弟的。上面写着：“这个型号的乐高酷极了，你有没有？我帮你买一个好不好？”

我看了想笑。这个好舅舅，连我们回到了香港还是不肯“放过”我的孩子。电邮是寄到我的信箱的，放学后，我叫弟弟去回信。

弟弟嗒嗒嗒地回信，三言两语就发送出去了。我问他怎么回的，“亲爱的舅舅：我没有，但是不用了，谢谢。”

我瞄了弟弟的背影，问：“你不喜欢啊？”孩子有自己的喜好，不是什么阿猫阿狗都好。

弟弟冷冷地说：“你疯了啊，我当然喜欢。”

然后，我不说话了。这时候该赞美孩子懂分寸吗？不，我不觉得。我只能默默地祝福他。

两天后，舅舅又来信了，这次是说，他可以用七折的价格买到 × × 型号的乐高，问弟弟要不要。我心里更乐了，很想看看这舅舅如何和外甥“斗法”。我瞄了一眼弟弟的回信。

“Dear 舅舅，No，thanks.”

欠钱不可以不还

7 月 25 日 雷雨

随着年纪的增长，我发现一件事：大人的世界里，借钱不还的人真的存在。你有没有遇过借钱不还的人？即使你幸运地说没有，那么问问周围认识的朋友，保证随便问都问得到“借钱不还的人”。

发现了这个大人世界里的现象后，我马上转头对姐姐、弟弟说：

不要随便开口跟同学借钱。

真的需要借，即使是小到一块钱，也一定要记得还。

我的话还没说完呢，姐姐马上很骄傲地告诉我：“有一次我到餐厅买水，钱不够，于是跟好友 D 借了五元。当我第二天拿钱还她的时候，她很惊讶，说我真是个负责任的人。”

对方为什么惊讶？因为现在很多孩子的习惯已经到了“借小钱不用还”的地步。所以发现有人来还钱，觉得“出乎意料”。

“妈妈，我一定会记得还。但是，如果有人不是不还，而是忘记了呢？”姐姐问。

“如果是忘记，当然可以原谅。但是，有一天你会发现，有些人是你已经提醒‘欠债还钱’了，他们还是不还。”

“万一他们是没钱还呢？”

“如果连吃饭钱都成问题，当然是例外。”

“可是，你会发现，跟你说没钱还的人，下个月却出国度假了。”

“如果你连吃饭的钱都要跟别人借，还有钱去度假吗？”

姐姐听了连连点头。

“如果连最基本的生活都需要别人帮忙、跟别人借钱时，你唯一可以做的就是：认真工作、努力存钱，什么额外的钱都不可以花。当你将债务结清的时候，才是你自由的时候。”

两年前，在香港的国际学校里，我随着孩子们在餐厅排队买东西，柜台前两人的对话让我很吃惊。小学中年级，金发碧眼的美丽小女生，手里拿着一块蛋糕，对柜台收钱的阿姨说：“我先拿，明天再来还钱可以么？”

不通英文的收钱婆婆回了一句：“不行。”

“拜托拜托，一次就好。”

“不行。”

小女生只好悻悻然地将蛋糕放回原处。

父母的处世态度，会直接影响孩子。以为欠钱可以不还的人，总觉得自己占了便宜。殊不知，你已经在不知不觉中把不对的做人方式传给了孩子。

过一个，少一个

8 月 10 日　晴

我不喜欢开学。不是因为开学后我要每天早起，不是因为一天八堂课都很无趣，不是因为老师规定东规定西，不是因为每天都有功课要做……

我不喜欢开学，是因为我的小孩白天不能待在我的身边了。我喜欢跟小孩在一起，所以开学对于我来说，是一种幸福的剥夺，一种无可避免的剥夺。

“妈妈，还有几天开学？”回香港的飞机上，弟弟很忧郁。

“什么？八月十二日就开学了？”妈妈比孩子嚷得还难过。暑假从六月二十日开始，一年中间有春假、秋假、圣诞、新年的一大堆假期，早点开学也不是不合理。但是，我心里还是难过。

我喜欢孩子放假，即使他们早已过了黏着妈妈的年纪，我还是喜欢他们放假可以待在家里的每一天。

今天早上一睡醒，发现弟弟已经从他的床上挤到我身边来了。闻着他还带着婴儿香的头发，我的心情闷闷的，因为一想到暑假这么快就过完了，六月底刚放假的兴奋情绪仍然像昨天的事。时间过得太快了。下礼拜孩子们又要回到学校，我不舍得。

孩子不喜欢开学还能理解，怎么连妈妈都跟着忧郁呢。

几年前，我就发现自己不喜欢孩子去上学，所以我没送他们去上幼儿园小班。上学对姐姐、弟弟来说，是五岁之后的事。小学一二年级，有整整两年的时间，孩子都是上半天课。我好喜欢那种每天快到十二点，准备去校门口迎接孩子的快乐感觉。好可惜，只有两年。

然后，我开始感激小学三四年级，一星期有两天可以上半天的制度……渐渐地，小孩在家的时间越来越少了。如此的转变，是由不得任何人的。

记得准备离开台湾的那个暑假，接到小学寄来的家长意愿市调表——“本校中年级的孩子下午三点放学，高年级的四点放学，碍于许多有两个孩子的家长对于中间的一小时差距，觉得困扰。你赞成将中年级的放学时间延后一小时，以便跟高年级的相同吗？”

不赞成。不赞成。不赞成。

我清楚地记得自己心中的呐喊：不！

我是替别人喊的，因为我们已经要离开台湾移居香港了。

这一个小时，我宁愿带弟弟去书店、去公园、去散步、去聊天……

这一小时被“卡”住的时间，就是妈妈这辈子最美好的时光。我不会为了任何原因而放弃。

西方的小学，通常每天八点半到校。台湾的是七点半。西方往往不管什么年级都是三点左右下课。即使到了高中，一周还是有一到两天，两点就下课了。有人会说，父母都要上班怎么办？学校上课时数要以孩子的需要为准，不是父母的。进步的观念和做法，需要更多人呼吁、推动和实现它。

小五的侄子放假来家里小住，看着他稚嫩的脸庞，我突然好想提醒他的父母——

孩子愿意死心塌地跟你一起度过的暑假，只有六个。

从小学一年级到小学六年级，就是这六个。

你不信？好，最多八个给你啦。

就算你的孩子比较晚熟好了。不可能再多了。

过一个就少一个。如果你还有机会，怎么可以不知道把握呢？

早点下班，陪孩子去运动，哪怕只是散散步。暑假，就是要带小孩多活动的季节。这个暑假，我竟然排了工作，后悔死了。

你说，“不会啊，我的孩子到高中，还是跟着我一起出门旅行。”

哎，我说的是死心塌地。孩子长到三十岁还是可能愿意陪你过暑假，但是，那离我说的死心塌地很远很远。

什么叫死心塌地？请竖起你的耳朵，仔细听，听孩子喊你的声音。那种天底下“我最爱你”的声音，也是会消失的。你注意到了这件事吗？

童年的界线在哪里？从他们看小螃蟹、小青蛙的眼神，就可以分辨童年过了没。

童年的界线在哪里？从他们看小螃蟹、小青蛙的眼神，就可以分辨童年过了没。

陷阱

8 月 18 日　多云

我瞧了一眼，知道它是个陷阱。做陷阱的人，或许不知道它的绝妙之处，我却一眼看穿。诡异的是，我还是闭着眼睛往下跳。

早上一起床，我看到了餐桌上的纸条。快要开学了，姐姐、弟弟整个暑假都在玩，什么正事也没做。虽然这就是我要的暑假，但是玩到快开学了，姐姐似乎还没有一点点收心的样子，整天约同学往外跑，于是我下令：最后两天，不准出门，请留在家里。但是同学可以来家里玩，是姐姐争取后唯一的例外。

整张纸条是用中文写的，开头第一句就是“亲爱的妈咪”，但看到第二句，我就知道不妙了：

“妈妈，昨天晚上我接到 A 的电话。”几点？我睡的时候已经十一点了，看你还没睡，这么晚还打电话给别人的同学，是谁？

“我们要讨论开学后的环保服装秀。”纸条旁边还放了几张摊开的服装设计草图。故意的。

“但是 A 妈妈不准她来我们家，所以我们可以在附近的商场见面吗？”不到我们家，却可以去商场，这样的借口实在太不入流了。

“A 说她想去看电影，看早场的很便宜。我可以去吗？我可以用自己的零用钱……但是我的钱不够，你可以先借我四十元吗……（我直接瞄到字条的最后，上面写了两个选项，还画了两个框框，要我自己选一个打钩）如果不可以也没关系……”再来个以退为进。

最后的 p.s.“你看，我用中文写信耶，我的中文不错吧。你不是最喜欢我们用中文的吗？”

我一边叫弟弟快点吃早餐，心里一边盘算，因为弟弟比姐姐早一天开学，今天我得跟着去学校，我们俩马上就要出门了——这四十元给是不给？

根本不用盘算，一看到纸条的开头，我就知道我没救了。但我还是找人来当垫背的："弟弟，要不要答应姐姐？"弟弟的早点就压在姐姐的纸条上，我猜他一边吃荷包蛋，心里一定都是抱怨，"姐姐，你这招也使得太狠了。"

我进房间拿了皮夹出来，又问："怎么样？给不给？"

"给吧。"弟弟说。于是我抽出四十元往纸条上一放。其实，我想给的是一百元，跟同学出门，总要多带一些备用吧，刚刚好怎么成？但是我都已经往陷阱跳了，死相总要好看一点。

"要不要留'臭孩子'三个字给她？"弟弟问。

"好啊。"我说。可以平衡一下我的怨气。我正想拿笔，弟弟马上用不可思议的表情看着我，说："不要写啦，你既然要答应她，干吗写这个？"有道理，我又马上把笔放下。看，多听话的妈妈。

我领着弟弟出门了。不到五分钟，我的手机响了，以为是姐姐醒了，来说谢谢。不是，已经到办公室的爸爸，迫不及待地来跟妈妈确认这件事：

"你给了她四十元吗？"我在电话这头想笑却笑不出来——

心里觉得有点酸，又有点甜。

爸爸是每天最早出门的人，他先看到纸条了。如果今天孩子归他管的话，我看他可能连存折和图章都放在桌上了。“可爱的孩子，不需要这样可怜地写字条，你要多少拿多少吧。”

先生啊，一早看到堆积如山的公事不赶快处理，却急急忙忙地打电话给我，怎样？怕我不给钱吗。

晚上，我拿着信里的“漏洞”，一个一个地质问姐姐，而且老实跟她说：“如果今天这事你当面问我，我一定当场回绝。”姐姐露出得意的神色，说：“我当然知道要怎么对付你。”

我说我早就知道了。

她还不服气：“那你为什么要答应我？”

我没说话，只是笑。

有时候，即使知道那是孩子设下的陷阱，但父母往跳下时，也是心甘情愿的。

无为，也是一种教养

8 月 19 日　阵雨

“妈妈，我又写好一个故事了，我好高兴啊。”姐姐跳上了我的床。今天是开学的第一天，她没有像整个暑假那样，一大早挤到我的身边，再跟着我一起睡到我也醒来。她只是要来表达她喜悦的心情，“妈妈，我先去洗澡了，你快点起床，校车是八点的喔。”成就感，是美好人生的重大来源，它竟在一个十三岁的孩子身上表露无遗。

今天是开学日，妈妈的写稿工作也可以恢复正常了。不然，整个暑假，我都好像没在工作，整天有人妈妈、妈妈地喊，我什么正事也做不成。送走了姐弟俩，我却走进姐姐的房间借她的闹钟，想定个时间起床，然后再去睡个回笼觉。

什么？往闹铃的指针上一瞧，指针指的是四点半。如果她昨天十一点上床睡觉，怎么四点半就起床了呢？我为她的没睡饱而感到心疼。

其实，这样的情况已经持续半年了。从一年前开始，就是小六升初一的暑假，她开始写东西。她的第一个作品是一部三万字的小说。至于她写了什么，我不知道。因为她用英文写，我没力气看英文小说。我连自己想看的中文书都堆得像个小山似的，积欠的稿件也不少，哪来的美国时间看小说呢，而且还是英文小说。

一开始，她的写作生涯很不顺畅。不顺畅不是因为没有灵感，而是因为我限制她，每天用计算机的时间只有半小时。而且她得在学校写作业，和妈妈每天规定的语文作业——阅读中文书半小时，写中文词语六十个——做完了以后，才能使用这半小时。因为时间分配得不好，一放学磨磨蹭蹭就用掉一两个小时。往往功课做完后，已经过了妈妈规定的睡觉时间，十点。所以，常常只能利用周末写。但是周末可以爱写多少就写多少吗？不行。因为她习惯用计算机写，我又有规定，周末使用电视、计算机的总时间不能超过两小时……

有没有发觉我是一个很惹人厌的妈妈？规矩这么多做什么？因为，我讨厌时下孩子对计算机、电视、电玩的依赖性和成瘾性，我不希望我的孩子也是其中一员。因此，我必须在父母的管教还有效果的时候，尽量让孩子养成好的生活习惯。多少父母发现孩子有问题时，都只能用“没办法”三个字来回应。

事情过了半年，在如此艰难的环境下，她的写作兴趣依然持续。每天睡前，我们母女俩都要角力一番，“妈妈，我可不可以多写半小时再睡觉？”我看看墙上的时间，“不行。”

就这样，日复一日，有时候我也会说好。但对于她来说，写作的时间永远不够用。可是我能随她爱几点睡觉就几点睡觉吗？当然，我也知道，过了十八岁，你爱几点睡就可以几点睡，妈妈不会管了，但是，她还没有十八岁。

某天睡前，姐姐知道她可以延后睡觉时间的可能性不大，因为光是做完功课就已经快十一点了，她却突然说：“那我可不可以明天早点起床？”

“好，早睡早起很好。”我回答得爽快，“如果你每天准时上床，早上你几点起床都可以。”我一边写作一边看着窗外的鱼肚白，多美的日子啊。但是，我心里暗自窃喜——你早上起得来才怪。

结果，从此她不到五点就起床了。然后连写两个小时的东西，直到像个小公鸡似的来喊我起床。甚至初一下学期的期末考前，隔天要大考了，晚上，她准备要去睡觉时，我问：

“你明天还要早起吗？”

“对。”

“你准备要做考前冲刺吗？”我面露喜色。

“没有。”

“那你这么早起床做什么？”

“写东西啊。”

我们那个年代长大的孩子，半夜起床只为一件事，就是准备考试。我实在无法想象，明天就要大考了，你如果想睡饱也罢，但这么宝贵的临时抱佛脚时间，可以让你的成绩提高一点的机会，孩子，你竟然拿去做些无关痛痒的事……

但是，我认了。只差没说出口：算你有种，你要写就写吧。

孩子的前途是无法预测的事。我今天如果硬逼着她用功，不准她做这个与学校功课分数无关的“写作”，她也只能照单全收。从小到大，我很固执地要孩子养成好的生活习惯和阅读习惯，甚至连每天“刷完牙，一定还要用牙线”这种小事，我到现在都还不放手。但是，当我遇上与孩子“前途”有关的大事，我却不敢随便叫他们往东，或是往西。

很多孩子的前途或是人生，都毁在父母的干预上。

交到坏朋友

8月20日　署

“交到坏朋友”，是我们常常听到父母说的一句话。

“都是给外面那个狐狸精骗的”，我怎么看都觉得这是同一种语法。

很有趣的是，说这些话的人，都是义正词严、义愤填膺，一点也不觉得把责任推到别人身上有什么不对。

陆续接到读者的来信，困扰的都是同一件事。才是学龄前的孩子，但父母对孩子身边的朋友就有意见：三岁的女儿，邻居的玩伴是个爱偷东西的小孩；五岁的儿子，学校时常往来的朋友，是老师眼中不受欢迎的学生……来信的父母，都担心近墨者黑，所以恨不得直接叫孩子跟朋友“断绝往来”，但又不知道该如何启齿才好。

姐姐和弟弟交过许多朋友，不管是张三还是李四，我都是怎么看怎么顺眼。学校换过好几所，好朋友也交过好多种。印象中，孩子爱的，我都跟着爱。我爱我的孩子，我相信他们的识人能力，所以很自然地就爱屋及乌了。

但孩子的朋友都是完美的吗？当然不是。如果要深究，我怎么会比孩子们更了解他们的朋友呢？我只能看到表面。一个人的好坏，没有实际接触，是不能乱下断语的。即使是小小的孩子，全班这么多人，他们为什么就有缘走在一起呢？我会希望让孩子自己去选择自己的所爱。

大人表面上看到的不礼貌的孩子，有没有可能他对你的孩子却是两肋插刀呢？会欺骗大人的小孩，不见得会欺骗他的朋友……我的意思不是说，明明发觉了，仍放任孩子跟品格不良的孩子在一起。我只是想提醒父母在哪个时点插手，必须要拿捏好。

因为当你忍不住在孩子五岁的时候，叫他不准跟某某人往来，你就要有心理准备，等孩子十五岁的时候，你还是有可能看他的朋友不顺眼，到时要如何处置？“父母瞧不起孩子的朋友”，可能就是青少年与父母发生冲突的原因之一。

因为孩子还小，还以父母为天为地（十二岁以后就是以朋友为天为地了），又因为双方都是小孩子，一时半会儿也闯不了大祸，所以父母不要过度担心孩子跟什么人走在一起。有没有可能过一阵子，你的孩子就发现对方不适合自己，换了个朋友呢？

如果你在孩子还没有机会发现“不对”之前就插手阻止，这不是剥夺了孩子“识人”的机会吗？

更重要的是，小孩子还在父母身边，只要大人够关心，一旦孩子真的出现偏差行为，刚好就是机会教育。这时候再插手也不迟。或者等孩子主动提出自己对朋友的疑问时，再讨论也不迟。

五年前，才入小学一年级没几天的弟弟，下午做功课的时候，突然嘴里冒出了一句“笨蛋”，我很惊讶，因为我从来没听他说过这两个字。然后没时间想清楚，我竟然脱口说：“你是跟你同学学的吗？”

弟弟当时也被自己说出来的话吓了一跳，但接下来他却不愿意把责任推到别人身上，他说：“我没有跟谁学，是我自己不小心说的。”很明显地，这是几天小学生活耳濡目染的结果，但那也是他最后一次说“笨蛋”二字了。

影响孩子人格最大的是家庭教育。放进染缸的孩子就一定会学坏吗？我不认为。

我觉得，给孩子一个“完全无尘”的环境，反而对孩子是一种“伤害”。因为他们不可能永远生活在无尘的环境里。只要父母确定可以给孩子一个好的家庭教育，花足够多的时间关心孩子，也花时间跟孩子一起经历生活的酸甜苦辣——孩子交什么样的朋友，父母第一个要给予的是尊重和支持。

我相信，每个孩子都有识人的能力。只是他们愿不愿意张开眼睛去看而已。父母管得越多，孩子眼睛“被蒙蔽”的概率就越大。没看过连续剧吗？越是父母反对的婚姻，孩子越是爱往里面跳，好像是相同的道理。

当你发现孩子跟你不喜欢的孩子走在一起时，父母的第一要务不是拆散他们，而是花更多的心思去关心孩子、跟孩子聊天。多了解孩子的朋友就等于多了解自己的孩子。

我记得弟弟跟我说过：“没有朋友是完美的。”那一年他才九岁。他说他最好的朋友，也会做出让他觉得很不可思议的事情来。例如不尊敬师长、淘气恶整其他同学，等等，但是，这些一点都不影响他们俩在一起时的愉快和舒适。人与人之间，有时候就是缘分二字。

孩子不会因为朋友而变坏，如果真是这样，那是自己的孩子原本就已经偏差了，只是你没注意到而已，所以谁也别怪谁。

“都是给外面那个狐狸精骗的。”问题真的出在狐狸身上吗?从这个角度去想，或许父母的头脑就会清楚得多了。

不是教养书可以帮你的

8月21日　雨

汪老师您好，《喂故事书长大的孩子》在女儿身上的确看到了成效。但管教上就面临了无法解决的困难。女儿快4岁了，试过“数到三”，女儿无动于衷。试过“取消”或“剥夺她的玩乐时间”，女儿就以激烈行为（躺在地上大哭、丢玩具或推倒椅子）抗议。也试过老师书里提到的“到房间面壁思过”，但她不是从房间跑出来，就是在房间找可以玩的东西。

我是个职业妇女，下班回到家很晚了。女儿平时白天上课，晚上由长辈照顾，只有睡前才是我们亲子的时间，虽然只有短短一小时，但时间上的安排很紧凑，看书、玩玩具，最后催促她上床就是角力赛的开始……

我不希望生活里最珍贵的一小时，是在亲子关系紧张或负面情绪中度过。最难过的是，女儿在经过一场情绪宣泄后入睡，恐惧仍在梦中延续着。请问，如何能让她乖乖待在房间里，也知道面壁思过的用意。谢谢。

亲爱的，你知道最大的问题不是出在孩子，而是出在“你没时间”吗？

短短的信你道出了全部问题：陪孩子的时间不够，所以父母心生罪恶感。因为父母的罪恶感和想要弥补孩子的心理，所以你根本不敢下手管教孩子。当父母的立场不坚定时，孩子自然会知道“我可以吃定你，你也拿我没办法”。

但孩子都是可爱的，不要将他们想成爱折磨父母的坏孩子，他们只是爱你们，想和你们多多在一起，甚至连跟父母吵架、闹脾气也是一种延长相处的手段。

这么小的孩子跟父母闹脾气，他们也不知道自己为什么会这样。最近我听到一则关于小婴儿的研究：小婴儿知道呕吐会引起父母关注，所以有时他们会自己将手放进嘴里故意引起呕吐。

对于小孩的一些行为，我赞成要多多体谅，而不是尽往坏的方面想：哎呀，小时候不教好，长大了还得了。其实小孩变坏，不是一时半会儿可以达成的。只要父母持续关心，小孩没那么容易变坏的。我认为，只要对小孩保持信心，他们统统都会是好孩子。

没时间的父母，只能接受“没时间的亲子关系”。有时间的父母，就会看到“有时间的亲子关系”。这跟一分耕耘一分收获是相同的道理。如果你真的没时间，就得接受现实，不能“又要马儿好，又要马儿不吃草”。如果你看到有人的孩子很受教，父母一说就听话，那都不是无原无故的，那都是花时间慢慢培养出来的。

试想：一个三岁多的孩子，一整天看不到父母，当他们见到父母时会有多高兴。一小时哪里够，然后还要叫他们离开最爱的人去睡觉，这真的很强人所难。

如果我是你，我能想到的唯一办法就是：每天，我会陪小孩一起睡。——我睡，妈妈也睡，关灯，妈妈就在我身边——让她睡得安心、睡得香甜；脸对脸、鼻碰鼻和妈妈一起睡，是天底下小小孩最喜欢的事情了。

有段时间，大约是弟弟两岁的时候，因为换保姆不习惯，每天晚上我都躺在他旁边唱歌，一唱就是四十分钟，等儿歌都唱过三轮了，我就开始用声乐家的唱法唱“龙的传人”，这首歌词好长，刚好可以拖时间。如果有人问弟弟，你还记得小时候听过的催眠曲吗？你就会听到他开始唱，“遥远的东方有一条江，它的名字就叫长江……”

我知道你会说，你没这么好命可以这么早睡，那就等会儿再起来做你的事吧。或是，全家都早睡，大人自己再早起做要做的事情。

当亲子出现冲突时，不要老想着孩子怎么了，有时候父母主动改变，效率会比在孩子身上动脑筋好许多。

三四岁的孩子，哪里需要面壁思过。如果这么小就需要动用到这种手段，那你以后的日子肯定幸福不起来。我的孩子，到现在喊“一二三”都还有用，这跟他们天生的性格一点关系都没有，如果参得透其中的道理，你就所向无敌了。

那个道理，只在“你有多少时间给孩子”。这一关通不过，想再多也是白想，什么办法都不会有用的。

如果不是有照片为证，等孩子进入青春期后，
你无法想象，他们曾经这样“爱”过你。

如果你是我的孩子

8 月 22 日　多云

婆婆的童年应该是幸福的。在那个普遍贫穷、孩子又多的时代，她父亲是稳定的公务人员，又只有一个弟弟，没有众多手足瓜分资源，因此可以想象她的童年是无忧无虑的。这样的孩子，最后却嫁入一个十几口人的大家族。

那个时代，媳妇就是资产，是一种帮忙做家务的资产。从没做过家务的她，开始了承担一家十几口人吃饭、洗衣的工作。想想啊，那是一个煮饭要生火，洗衣要到河边的年代；仿佛从独生女天堂跌入童养媳地狱的她，却做得无怨无悔。现在听她提起从前的种种，语气中听不出一丝的抱怨，仿佛那是她的骄傲。

婆婆这么认命的个性，还不是她最厉害的地方，最厉害的是，当她数十年媳妇熬成婆，却以同样“坚忍不拔”的个性和善地对待她的三个儿媳妇。一样米养百样媳妇，她都照单全收，从不将传统婆婆的形象套用在自己身上。

“每个月的薪水袋，开都没开，全数交给婆婆。”她回忆从前：

“我婆婆根本不碰孙子，更别想她会帮你带孩子。她自己生了十几个，后来都是大的带小的。”孩子对于那个时代的妈妈来说，不是幸福的来源，只是义务的完成。因为那个年代的女人，常常是稀里糊涂地生了一大堆，喂饱他们都来不及，哪有闲情去体会什么亲子之乐呢。婆婆继续说，“刚开始，我不熟练家事，还常常被骂‘这种样子也敢来当人家的媳妇？’……”

我很喜欢听婆婆说“想当年”，即使她可能在暗示“我们哪像你这样好命”。不，不是暗示，她真的明讲过，我也脸皮厚厚地一边听一边偷笑。

甚至我还回嘴说：“你真是笨啊，为什么结婚前不打听清楚。”

要我嫁入这种家庭，即使是金城武，我也不会嫁。爱情胜过一切吗？我是个要爱情也要面包的人。

面包之于我，不是金钱，而是结婚后，我不希望有个把儿媳妇当资产的婆家。我不希望遇上一个家庭，想骂就可以将媳妇不当人地乱骂。我不希望结婚后失去自我，然后让别人只丢一句“当人家的媳妇要忍耐”就可以不理你了。

“我哪里知道。”婆婆继续说，“结婚前也有邻居跟我说，这种大家庭你也敢嫁进去？我就是傻傻的。”

其实，婆婆一点也不傻，她可是穿过北一女“绿色制服”的人。我自己穿的是黄色的，我也曾经想穿绿色，但是我考不上北一女。“我的婆婆可是北一女毕业的。”是我以她为荣的一件事。

甚至，当我要开始激励姐姐用功读书时，就会对姐姐撂下这句话，而且是在婆婆面前大声嚷嚷：“哎呀呀，有本事就跟奶奶一样穿绿制服。你以为绿制服很容易穿吗，我看我们家是没有人可以超越奶奶的。”

其实，说这话逗婆婆开心的成分居多。我心里很清楚，孩子从小玩到大，怎么可能考上北一女呢？做梦都嫌太离谱。

小学读升学班的婆婆，住在桃园，也跟大家到台北考“北联”，考上了北一女，通勤上下学。“妈，你为什么读完北一女就不读了呢？”我真是替婆婆可惜。

“哎呀，那个时代，女孩子不需要读这么多书，我妈妈也没叫我继续读，所以我就出来工作了。”婆婆说。

“那你的同学有没有继续读的呢？”我追问。我很疑惑，那时候的父母都这么没远见吗？

“有啊，好几个都大学毕业。”

我一听就好想捶墙壁，恨恨地对婆婆说：“那时代的爸妈实在很笨，如果你是我的孩子，现在说不定是什么部长呢。”

语毕，我都觉得自己有点疯言疯语。像我这种儿媳妇，难怪婆婆只有认命的份儿。自从她认识我之后，我说话就是这样没大没小的，她早已经习惯了。她会不会觉得，身边有这种人出现，是种生活乐趣呢？

前几天公婆来访。晚上八点，我在客厅的工作桌上敲打计算机，婆婆在不远处的餐桌上看杂志，她突然问：“什么是 EQ（情商）啊？”客厅还有姐姐、弟弟和爷爷，可当下没人回答她的问题，她又补充，“这杂志说 IQ（智商），我知道，但到底什么是 EQ 呢？”七十多岁的老人，发出小孩般的好奇心。

于是，我回头了，我最喜欢回答小孩问题了什么三头六臂的问题都难不倒我，而且，我是把回答小孩的问题当成生活乐趣来享受。老人就是小孩的翻版，于是我自告奋勇，开场白先是一句：

“妈，您就是一个 EQ 很高的人。”这是一句好听的话，没有什么话比它还好听，即使对方还弄不懂 EQ 是什么。她回头看我，面带微笑地想听我的解释。

“就是——我今天去大采购，进门的时候，你一句什么‘爱花钱啊，家里东西这么多了，还整天买买买’都不会说，这就叫作高 EQ。”下面这句我没说，“即使你心里不认同我，你也不会在这个时候说出一个批评的字眼。”

“哦，就是不啰唆。”婆婆再自行解释。

“也不光是不啰唆，”我仍没从字面做解释，“通常高 EQ 的人，比较可能有高成就。”

“唉，我哪有什么高成就。”婆婆谦虚地说。

这时我又逮到机会大声嚷嚷了："哎呀，如果你是我的孩子……现在一定是部长级的人物……"婆婆又开始笑了。我认识她十六年，今天终于发现一件事，姐姐常常因一点小事就疯狂乱笑，原来是遗传自婆婆。

其实，当我每次说"如果你是我的孩子"时，不是在开玩笑，是肺腑之言。我说话没大没小不是重点，重点是我喜欢将眼光远眺到她还是孩子的时候——

有个有远见的父母，还是很重要的。它不见得可以让孩子成龙成凤，但至少可以助其一臂之力，让人生走得更顺畅。

你闭嘴

8 月 23 日　阵雨

姐姐最近放学回家都很累。

原因是，第一，她宁愿花五十分钟，自己背着大书包转三班车，也不愿意坐校车。为什么？“没有像我这么大还坐校车的，只有小学生才会坐校车，我会被同学笑的。我当然觉得这样的想法很幼稚，但是这种“没有一定对错”的问题，我愿意尊重孩子的想法。

第二，姐姐这学期开始发愤图强用功读书了。用功需要用脑，用脑当然很累。

第三，她近半年来热衷写作。你每天写个两千字看看，连饭都会多吃半碗。所以我猜，作家的食量，不管天生体质如何，都不会太小。

我听见大门外有窸窸窣窣的声音，赶紧跑去开门。“姐姐，你为什么不按电铃？”“我每次转转门把，就有人来开门了，我不喜欢按电铃。”

“万一没人听见呢？”我问。“那再按电铃就好了啊。”哎，青少年时期的孩子，想法都好特别。我又只好成全。

一进门的姐姐，看上去还是很累。可是她没有像往常一样直接走进房间，反而是坐在沙发上跟我聊起天来，聊着聊着，我们却吵了起来，怎么回事呢？

“我不跟同学说我暗恋的对象是谁。”姐姐终于明白我早八百年跟她说的：如果不想让秘密弄得大家都知道，最好的办法就是谁也不要说。

“我跟你说个秘密，但是你不要跟别人说。”这句话永远不成立。还好，姐姐只花一年就领悟了这个道理。

“可是大家都不知道我喜欢谁，会有一个问题，像今天 A 来跟我说，她喜欢谁谁谁，那正是我暗恋的对象，这时候我该怎么办？”

“我不想跟A说我早就喜欢他了，因为她绝对守不住秘密。”

“然后我就问A，假如你的好朋友也很喜欢他，你会怎么办？妈妈，你知道她怎么说的吗？她一点同理心都没有，她说那又怎么样……”

然后我就听到姐姐对朋友一连串的批评，但是我毫不留情地当场反驳：

“喜欢谁是自己的感受。如果我的好朋友跟我同样喜欢一个男生，我也不会放弃，除非对方选的不是我。A说的没有什么错啊……”

“可是，……”姐姐说。

“但是，……”妈妈说。

就这样我一言，女儿一语地争论着。姐姐显然气坏了——我的暗恋对象被别人先告白了，你不但不同情我，还打击我。最后姐姐气得站起来就走，边走还边撂下狠话：“有人说，青少年最想对父母说的话，就是‘你闭嘴’。我就很想跟你这么说。”

哇！

我当然也不甘受辱，马上回话：“你可以叫妈妈闭嘴，我也可以叫孩子闭嘴。你——闭——嘴。”然后姐姐就进了房间。

我很生气吗？没有。为什么？因为我早有心理准备，她已经进入青少年反抗期，再也不是妈妈说了算的小孩。一个从小听话的孩子，现在也让父母尝尝被别人“管教”的滋味，很公平嘛。

父母常常弄不清楚状况，只要小孩一反抗，就以为天要塌下来。好像孩子一辈子听父母的话，是件不容置疑的事。

其实，一辈子听父母话的孩子，多半是白活了。

再则，姐姐原来是要来诉苦的，结果反被“教训”，我的话虽是不得不说，但说的时机也太对。这时候，我还凭什么生气呢？当然不行。

所以后来呢？

什么后来？我该对孩子说的已经说了，她有没有听进去，我不能控制，所以后续就留给时间处理啰。有些事情，孩子会慢慢了解，父母不需要急在一时非弄得黑白立见不可。这里是家，不是法院。

通常姐姐一进房间做功课，没有两小时是不出来的。现在这么生气，我看睡前都不会出来了。

我也悻悻然地回到计算机前工作。三分钟过后，姐姐走到我旁边，若无其事地说：“妈妈，你看我设计的这几款皮包，你最喜欢哪一个？”

西方教育就是这么实际，小小年纪就有课程是与“工业设计”有关的。姐姐的设计我曾经看过，还有球鞋、闹钟、钥匙扣、磁铁……

“嗯。”我眼睛看着设计图，心里想的却是：孩子，你真的很厉害啊！才三分钟，你就怒气全消了。而且，前脚你才叫妈妈闭嘴，后脚你就敢来跟妈妈说话。那个只会进房间哇哇大哭的孩子呢？我还挺想念她的呢。

被同学欺负了

8 月 24 日　晴

小学三年级的女儿来跟你抱怨好几次，被班上的某某同学欺负。不久，你在学校碰到此同学的妈妈，你将对方小孩的行径说给对方听。没过几天，你又遇见这位妈妈，她告诉你说她问过自己的孩子了，结论是两个小孩的说法有出入。她甚至还建议你以后不要插手管孩子的事，学校发生的事应该由学校来处理。

如果你是这个孩子的妈妈，你该怎么办？

这个故事里有两个妈妈，你说的是哪一个该怎么办？

当一件事出现了超过一个以上的妈妈时，事情就复杂起来了。

或是说，孩子间的事，双方家长都介入时，事情反而更难办了。

如果我是第一个的妈妈，遇上孩子说他被欺负时，“直接去跟对方家长说”会是我的第一个选择。父母一听到孩子被欺负，很容易一时冲动，但请千万忍耐，为什么要忍耐？因为你不能百分百确定全都是对方的错。

谁能确定呢？如果不是误会，就是一定有一方有错，除非大家对簿公堂。你相信自己的孩子，对方也相信他的孩子啊。我自认有两个好孩子，但是，我不敢在这种事情上这么笃定。

为什么要忍耐，还有一个理由：姐姐和弟弟被欺负的经验可丰富了，当他们跟妈妈叙述时，总是令我义愤填膺，但是当我问：“需要妈妈帮忙吗？”我的袖子都已经卷好，准备出去打架了——从小到大，十四年了，孩子没有一次说好。

孩子说出来，只是希望父母了解自己受到了委屈而已。孩子要的，只是“我最爱的人的倾听”。他根本不需要你去做后续处理。就像你跟先生抱怨市场阿婆欺负你，故意青菜卖贵你五元，你该不会希望先生去找阿婆算账吧。——其实你要的只是先生马上在你的皮包里多放一千元，这样就立刻豁然开朗了，说不定第二天买菜还给阿婆小费呢。

另一个妈妈的说法，我觉得大致上没错。除非你的孩子避开对方，但对方仍穷追不舍。小学三年级的孩子很简单，叫孩子自己去找老师解决。有几次，忘了什么事，弟弟要我去跟老师说，其实也还没到被欺负的“层级”，我都跟孩子说：

“你要不要自己去说。因为很多事情，如果由小孩去跟大人说，大人比较不会尴尬；我们自己不喜欢遇上尴尬，所以也尽量不要给别人尴尬。”

有些父母会当着孩子的面跟别人吵架，表面上是要帮孩子讨回公道，其实这是最笨的行径了。你没当过小孩吗？小孩最怕看到这样的场面，即使父母是在帮自己的忙，他们也会恨死了。

姐姐和弟弟都有被欺负的经历，有些还历时一年以上。别以为同学的欺负都是明着来，有些伤人的行径是“验不出伤痕的”。我都是在事后才发现，孩子都自己走过来了。弟弟，是年龄或个性成熟后，才慢慢知道如何对付这些恶霸同学；姐姐，是靠忍气吞声，才慢慢磨出识人的能力。

有没有看过研究报告，最会欺负人的同学，可能跟最受欢迎的是同一批人。

遇上孩子被欺负，我的经验是，只要打开耳朵就好，非到不得已，不需要用到嘴巴。

后记

如果我是另一个被人家来告状的妈妈呢？嗯，我还没遇过。如果遇到了，我会当成最优先的事情来处理，甚至比自己的孩子被欺负还要优先。孩子被欺负，基本上是对方的品格有问题；孩子欺负人，则是自己的孩子品格有问题。你觉得哪种情况比较严重？我会尽力“盘问”孩子到“最清楚”的情况，不论对方有没有错，只要自己有错，不要跟我争辩，先去跟对方道歉。至于对方的错要不要道歉呢？我会跟孩子说：“那是别人家的问题，我只负责教好我自己的孩子，别人家的孩子不由我负责。”又要吵架，又要玩在一起，朋友有时候就像手足，又爱又恨，他们之间的问题不是大人可以帮忙解决的。

比中指不礼貌

8月25日　晴

我的宝宝刚满一岁，他很爱看书，应该说很喜欢翻书。当我打字的时候，他总会拿着图画书，手伸长长的在我面前，一副“你念嘛，你念给我听嘛”的样子。当他吃饭不肯乖乖配合的时候，我就拿出图画书叫爸爸念，我喂饭，真的顺利很多。

我很希望爸爸也一起参与念故事书的亲子活动，但心里又很怕……因为爸爸是“正港台湾人”，念汉语实在让人不敢恭维，非常严重的闽南语。起初爸爸对自己念故事也很没自信，我一直鼓励他，后来终于被我说动了。

但是，他的发音真的很糟糕。钢琴，爸爸都念“干琴”，游泳，爸爸都念“永永”。之前听到一个专家说，小孩一定要先学标准中文的咬字发音，再来说闽南语、英语都绝对没问题。先学闽南语的小孩，一辈子的发音就都不标准。我打听了一下周遭朋友的实例，好像真的是这么一回事。

我该继续让爸爸念书吗？我们永远都不知道孩子什么时候开始学习，所以只能无时无刻地端正自己的言行举止。我试着跟爸爸沟通过，一个字一个字地慢慢念清楚没关系，看得出来他真的很努力了，但是那发音还是非常糟糕，他往往最后都很难过，叫我自己念。

另外还有一个问题也让我很头痛！爸爸和家里的阿公，他们都是三字经挂嘴边。对于他们来说，那不是骂人，只是一个“语助词”，例如我跟你说唷！……他们前面都会加一个X，你应该了解我的意思吧。或是有时候聊天，也会夹杂一些，因为从小就在这种环境下长大，一时无法改掉习惯，我因此跟他大吵了好几回。但是往往有些时候他下班回来，兴高采烈地跟我分享今天工作有趣的事，一开口就是X你X咧，我马上脸色大变，接着可想而知，愉悦的气氛又变调了……

唉，我现在都不知道到底是教老公还是在教孩子了。几乎每天都为这个争吵，虽然没有大吵，只是我一直念他，他也会烦吧。他上班这么辛苦，下班还要听我念，也苦了他了。

全职妈妈，晓彤

不管是什么闽南语，我都举双手赞成爸爸帮孩子念故事书。况且，肯念故事书的爸爸有几个？你以为很多吗？那是刚好被你遇上了。

如果你们的爸爸在我家，我不只会让他念故事书，我还会拿录像机录像。别以为我在开玩笑，你能想象一个三字经挂在嘴边、闽南语发音又这么“可爱”的爸爸，正襟危坐地在一个这么小的娃娃旁边，一边念故事书，一边还要担心被人纠正发音，然后他可能还会不好意思地搔搔头，笑自己的普通话不标准。

这么值得一辈子珍藏的回忆，如果有一天孩子能看到这个录像，就知道什么叫父爱了。发音一点都不重要，光是这份心意，就值得孩子微笑一辈子。

还有那个专家的说法，我没听过，即使听到了也会当耳边风。孩子呱呱坠地的时候，很多事情就已经注定。难不成如果嫁的是杀猪的，为了怕影响小孩的气质，就叫先生改行去教书吗？普通话标不标准不重要，人格标不标准才重要。

养孩子不是要我们去培养一个完美的人，尤其“发音标不标准”乃是身外之物。鼻子高不高、眼睛大不大、身材好不好，这种天生注定的身外之物还挺多的，如果全部都要计较，人生也很难快乐得起来。

有没有看过普通话很不标准，但是你很喜欢的人？

有没有看过普通话标准得不得了，你却看了想揍人的？

我们家爸爸也会将“蝴蝶”念成“福蝶”。那是我认识他十年之后，他第一次在我面前说这个名词，然后我纠正他，他还不相信，他一直以为那种会飞的、有对漂亮翅膀的昆虫，就叫“福蝶”。你说，这样的人是不是可爱得不得了啊？

现在的爸爸，能跟孩子相处的时间都很有限。孩子的说话发音，爸爸绝对不是关键的影响人。老实说，我也希望孩子能说一口标准的普通话，就好像我希望将孩子生得漂亮一点一样；我不会说不要漂亮的，我要丑的。等孩子四五岁之后，在家里多准备一些发音标准的故事录音带，因为录音带对说话发音有很大的影响力，不容小觑。

我家姐姐和弟弟的英文启蒙老师就是我，但是为什么他们的英文说得比我标准、好听呢？那是因为听了大量英文故事录音带的结果。

总归一句话，人生的幸福程度，跟你说什么口音一点关系也没有。人的内在特质，比外在条件重要太多了。

但是，爸爸的三字经口头禅，就非改不可。那不只是气质的问题，孩子人格的养成，父母必须锱铢必较。小孩天生有着复制父母行为的能力。不好听的话，请绝对不要在孩子面前说。有没有看过小学生说脏话的，你如果有办法，请如法炮制像狗仔队一样去校门口录像，只要看到有小学生“三字经出口成章”的，录起来回家放给先生看，保证他再也不敢在孩子面前说脏话了。说不定从此变成一个超有气质的爸爸呢。因为自己说习惯了不觉得哪里不对，可是当你看到小孩也这么说的时候，任谁都是看不下去的。

日前，我帮弟弟剪指甲，剪到中指时，他突然说等一下，然后收回他的手，再将食指也伸出来，变成一个“V”字形时才让我继续剪，我问怎么了，他竟然说：“比中指不礼貌。”我的妈呀，当你给孩子一个对的环境时，要他变坏都不容易。

会说脏话的孩子，百分之百家里都有会说脏话的大人。小孩天生都是纯洁无瑕的。人生哪，有些事情天注定，有些事情父母要“与天抗衡”。但是小心，别弄错了方向。

后记

“会说脏话的孩子，百分之百家里都有会说脏话的大人。”——我原本是这么相信的，但现在需要更正。姐姐在十五岁的时候跟我说，她会在同学面前说脏话。我说那很不好，她却说大家都这样，“连你最不能想象的好学生，都偶尔会说。”我问，那你在家里为什么没说，她说有一回她的脚踢到东西，不小心大喊一个 shit，就把我吓了一大跳。

“说脏话很不礼貌。”这是我对姐姐坚持的理由。我还问她准备一辈子将脏话挂在嘴边吗？她说她只会在青少年时期说，过了二十岁就不会说了。这种说法我不埋单，但是父母的说理，会让小孩知道有所节制的。

很想跳出去

9 月 6 日　小雨

弟弟放学的校车快到了，我还赖在床上看书不肯起来。等我感觉时间已经来不及了，原本还想先上个厕所再出门，但脑中闪出的是：才刚开学，校车时间抓不准，我得比平时早到，于是连弯进厕所不到一分钟的时间也不敢花，马上往门外冲。这举动，连我自己都觉得好笑。

平常我没这么紧张的，有时候我才刚要出门，孩子都已经自己走回家了。但是今天是开学第一天，妈妈就没有出现，实在不像话。

领着弟弟回家了。路上，我对学校的事东问西问，老师好不好同学又如何，弟弟一句话也没回。你知道吗，孩子很讨厌跟父母逐一报告这些事。孩子觉得无关紧要的小节，却必须在父母的追问下一一回答，让人觉得厌烦。

“我刚睡醒不想回答。”听起来很不顺耳的话，但我接受了。是我不该在这个节骨眼上打扰孩子，我老早知道的事，只是又忘了。

不过，每个孩子不同。我不必问姐姐，她会一件一件、巨细靡遗地跟我报告。有时候我还会希望她说快一点，因为我的耳朵“嗡嗡嗡”的觉得好吵。她每天都有新故事，每天都说不完。

“妈妈，你不要看书。”弟弟说。

接完孩子回家，我习惯往沙发上一坐，等着孩子跟我聊天。今天姐姐学校有事没跟着弟弟回家，弟弟平时又不太说话，我不看书又能做什么呢。

我在家里最常做的两件事——写作和看书，他都不喜欢我做。常常书还没看上十分钟，他就会走过来，直接将我的书抽走。他会先看一眼我正在看的页数，报出声来，合上就不让我看了。今天，他坐在我的旁边没事做，叫我不要看书我又不为所动，于是，他换了招数，说：“妈妈，我有事跟你说。”

你就见到我半秒钟也没犹豫，自动将书一把合上拿给他——好像警察拦到我超速，我只能将驾照交出去一样的别无选择，然后等他跟我说说学校的好玩事。

结果他一接过书，马上顺手把书往更远的沙发上丢，很轻松地吐出两个字：“没事。”我还来不及骂他，他就已经乐不可支了。

我看书常常要前后翻来翻去，因为老是不知道自己看到哪里了。

不知道几岁过后，孩子对“水”的兴趣就不大了。原本游泳玩水是孩子最爱的事，现在也意兴阑珊。傍晚弟弟邀我一起去小区活动中心打羽毛球。运动对小孩最好，我是一定要答应的。

等我们打好球走出来，才发现刚刚下了一阵雷雨，地上都是一洼一洼的积水，还没走到家，弟弟发现池塘边有一只大青蛙。弟弟最喜欢青蛙了，他整年遍寻不得，原来，是要在大雨过后才容易见到。

天色已经黑了，我也蹲着跟他一起看青蛙。年纪越来越大，老花眼也出现了，我得推着眼镜朝青蛙逼近，才能看得清它的长相。

“妈妈，这是蟾蜍。”弟弟说。

“有毒啰？”我用的是小时候的道听途说。

“妈妈，你看，它背上靠近眼睛的地方，有两个突出物，那里才有毒。”弟弟说。

“所以你捉它的时候，就会中毒。”妈妈的常识很少。

“不会啦，是有人要吃它，咬到那里，毒才会喷出来。”对嘛，不然蟾蜍整天跳来跳去、碰来碰去，毒不早都用光了。

“妈妈，你替我守着，我回家拿笼子来抓。”弟弟往家里奔去。怎么守？我又不敢碰，要是它跳进池塘，怎么办？我跟着游吗？

抓回家的蟾蜍，很可爱。弟弟上网查，说它什么都吃，包括狗饲料。但是我一直不见弟弟拿东西给它吃，急忙问：“我们要不要去金鱼街买小蟋蟀？”弟弟养过小树蛙，小小的一只，吃起蟋蟀来动作敏捷得很；只是伸舌将猎物吞进去的简单动作，我怎么专心都还是看不清楚。

三天过去了，弟弟对买蟋蟀这件事一直不没回复。然后我听到弟弟喃喃自语地说，“它很想跳出去……”

昨天晚上九点，我已经准备要去睡觉，弟弟却说：“妈妈，我们把它放了吧。很晚了，你要陪我下楼吗？”孩子的邀约，我岂有说不的可能。

于是我俩捧着笼子下楼，朝池塘走去。“妈妈，我发现它每天都很想跳出去。”他又说了一次。这次妈妈正视这件事了。

“哪有，你从前养的每只青蛙，不都很想跳出去吗？”三十厘米高的笼子，我每天写稿的时候，笼子就在我的眼前，红肚皮的青蛙总是拼了命地往上爬。有时，根本是把自己变成吸盘似的，粘在笼子上，不屈不挠、一步一步地往上。可上面明明还有盖子啊。

“没有，”弟弟很严肃地说，“它们不想跳出去，它们只是在——做运动。”

你可以分辨出哪只青蛙是想逃出去，哪些不想逃，只是在做运动啊。

后来我猜想，孩子分辨的逻辑是：宠物店买来的，是在做运动；野生捉来的，会想逃出去。他一直不肯去买蟋蟀，恐怕是不忍心关着一只“很想逃出去”的蟾蜍吧。

最近几天傍晚都有大雨，昨天也是。“妈妈，这里还有一只。”

“刚好两只一起做伴。”我也很替它们高兴呢。

看着蟾蜍扑通地跳下水，我忍不住说：“哇，它游‘蛙式’游得好标准、好优美。”

弟弟对我的冷笑话懒得搭理，依依不舍地沿着池塘边走，

“Sam，再见了。”弟弟很恭敬地看着朋友渐渐远去。

“你已经帮它取名字了。”这会儿，我说得很小声，好像很怕自己的语气太夸张，会亵渎了他们之间的友谊。

孩子的天真，就如妈妈头顶上刚升起的月亮，恨不得可以揣在怀里，一辈子抱着不让它们离开我。

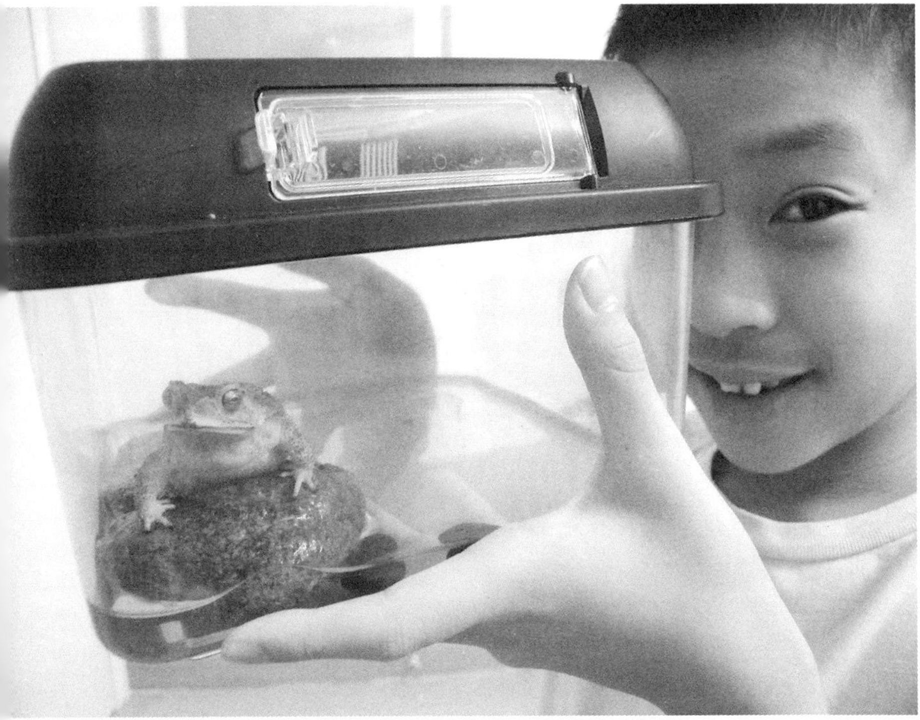

当初我们把小婴儿抱给亲朋好友看的时候，应该就是这个眼神吧。

请比老师更认真

8 月 22 日　晴

网球课上了五周，我才知道自己的体力有多差。

二十岁的时候，跟同学去打网球才知道，网球是一项“眼高手低”的运动。它不像羽毛球，即使没有什么运动细胞，认真地挥一挥，也总能一来一往地打上几球不落地。可是网球不同，我对它的经验永远是几乎不可能连续打上两球。除非对方是网球教练，不然我打过去高高低低乱飞的球，谁还有办法再平顺地打回到我的面前呢？即使打回来的球很漂亮地落在我的面前，我都不见得打得回去，更何况对方跟我都是一样的“料”呢。

我们在香港落脚的第二个家，对于香港人来说，是闹中取静的世外桃源。从客厅望去，是两个小区网球场。我每天看着男男女女在那里进进出出，有天机缘来了。

“弟弟，你看一号网球场的那个教练怎么样？”我知道如果想认真打网球，非请教练不可。但我又不知道上哪儿去请教练，所以事情在脑子里一放就是两年。

教练很多，不知道为什么，我看这位非常顺眼。那天从窗口望去，当时他的右膝盖还捆着一圈圈的护膝，但认真教学的模样却丝毫不受影响。可是我很怕生，不敢去跟陌生人开口，怎么办？

“弟弟，你帮我去问那个教练，有没有空教我们？”我怕生，小孩更怕。弟弟正在犹豫，我再临门一脚：“下周的零用钱加倍。”

弟弟二话不说，朝教练奔去。不要以为利诱一定有用，当孩子年纪不到、勇气还不够时，给一百万也没用。我估计他做得到，利诱，是奖励他的勇敢。

我对弟弟好生佩服，因为教练还在球场里，虽然刚打完球，但跟着一伙人还在说话。弟弟往门边走，我也尾随在后，但我在十米外就停了下来。“怎么问？”弟弟转头问我。

“你朝他挥挥手。”我在十米外技术指导。教练果然跑了出来。隔着铁网门，他们说话的声音很小，然后教练往回跑，接着从包包里拿出名片朝我们走来，我知道事成了。弟弟喜滋滋地以自己的勇敢为荣。

孩子对网球课的兴趣不大。我知道，他们对学任何才艺都是。我的养老金是从他们不学的才艺课学费中累积的，所以我也不强求。而运动不同，运动是一种人生必备的习惯。既然是习惯，就要从小养成。半推半就，孩子答应了我的网球课。

我不是那种叫孩子去运动，自己却在旁边乘凉的人。一次一小时的网球课，我们三个人一起去，平均一人只有二十分钟，很简单嘛。错，大错特错。对于孩子来说不成问题，但妈妈一场球打下来，而且是三个人轮流打的情况下，打到最后，我需要主动跟对面的教练摇头——因为我已经快要昏倒了。

此刻我才从教练口中得知，我的体温上升得比较快，难怪一小时候小学升旗集合，我总是第一个昏倒被抬回教室的。换了三所小学的我，印象中就被抬了三次。甚至大学暑假打工，上班第一天，就被店长从柜台抬回办公室；因为办公室很小，我还记得店长嚷着让开让开，然后大将我平放在会议桌上“休息”……呵呵呵。网球教练说：流汗，就是身体要让你降温。如果能有冰毛巾直接放在颈动脉旁，降温效果更快。

才上完第一堂课，我从孩子的表情中知道，他们后悔答应妈妈了。以后星期六有网球课，他们不能再睡到自然醒。夏天的太阳很毒，才早上十点，就能把你烤焦。常常才没开始多久，弟弟就问：“几点了？”“时间到了吗？”我都会给他白眼。如果被教练听到，很不礼貌。

教练来自瑞士，有网球教练执照。不是会打网球的人都可以当老师，就像不是会说英文的就可以教英文一样。他来香港已经十四年了，会说流利的广东话。今天的网球课接近尾声时，大家一起将散落的网球捡回篮子里，我也以为要下课了。教练看了看手表，要我们一人再跟他对打五分钟。

姐姐“嚎”了一小声，意指她累了，不想打了。其实我也很累，但我还是奋力拿起球拍，说了一句：“请比老师更认真。”

运动完是最舒服的时候，如果再加上洗好澡，喝杯冰的，简直舒服到极点。我们三人已经在客厅的沙发上喝冰凉的饮料了，弟弟突然追问：“妈妈，你刚刚跟姐姐说‘比老师更认真’？”

我说："老师认真，是因为他尊重他的工作，但受益的人是学生，所以我们要比老师还认真，这才是尊重你自己的人生。"姐姐说，今天她是因为月经刚来肚子不舒服。我接着说："我们的网球课不会停，至少会一直上到过完这个冬天，等夏天，再看天气决定。"

我得让孩子死了"妈妈可能会放弃"这条心，他们才可能心甘情愿地往下走。孩子，妈妈几乎不强迫你们从事任何课外活动，这次的例外，请多包涵。

卖钢琴

9月8日　雾

很多孩子，尤其是女孩子，父母多半早早送去学钢琴了。我没有这么做，甚至在姐姐上幼儿园看到同学学琴也主动想学的情况下，我都不为所动。

我是这样想的，学琴的初期，必定枯燥乏味，早早地将孩子往“枯燥乏味”里送，是害怕将来孩子遇不上枯燥乏味的日子吗？

童年的时光很珍贵。童年可以无所事事的时间不多。孩子一旦进入学校体系，枯燥乏味无法避免，到时连父母都无可奈何。你会因为孩子喊“上学无趣”就让孩子不去上学吗？

因为我知道做孩子的轻松日子，没有几年，再加上我自己小时候没学过琴，无法体会会弹钢琴的美好感觉。大家可以问问周遭的朋友——小时候学过钢琴，有多少的人觉得“那真是一段美好的时光啊”？

我认识一位钢琴老师，她说如果学琴的孩子，只知道弹琴，却对音乐知识一无所知，或是也不关心——这样，弹得一手好琴和油漆工刷得一手好油漆有什么区别？都是多练习就可以达到的成果。这话背后的含义，不是不可以送孩子去学琴，而是父母有没有想清楚，你为什么要让孩子去学琴。是因为家有学琴的孩子有面子，是多项才艺将来申请学校更容易，还是你希望他将来成为郎朗第二……或是你只是想培养孩子多个兴趣？

如果我只是要培养孩子的兴趣，需要早早送孩子去学琴吗？有一种说法我相信：六岁的孩子开始学琴，等他学到八岁时，另一个八岁的孩子也开始学琴了——等这两个孩子到十岁的时候，琴艺会是差不多的水平。也就是说，太早开始学琴的孩子，因为心智、肌肉协调力和专心度都还不成熟，所以很多力气，都可能花在“空转”上头。

但这样的“空转”，你知道父母和孩子要付出多少代价吗？我指的不是金钱，而是双方的精神损耗，它甚至是很多学琴多年的孩子，“一旦脱离父母的掌控后，一辈子不再弹琴”的背后原因。

让孩子学会一种乐器，是好事。但是，孩子有没有真心喜欢它，觉得“演奏”真是人生的一大享受，似乎更重要。你知道学音乐有成的人，一路上有多辛苦吗？辛苦不是问题，只要你有兴趣。

真正对音乐有兴趣的孩子，其实他们是有天分的。也就是说，如果他生下来就不是“做郎朗第二”的料，你逼死他也没用。这是我的发现，参考对象就是几个身边的孩子——七岁的小女孩，老师发现她的音感特别好，等父母送她去学乐器时，学什么会什么；十二岁的音乐班女孩，她说她爱死了莫扎特，莫扎特是她的偶像；三十岁的小提琴老师，从小到大，每天拉四小时的琴，任何人的劝阻都无法阻止她对小提琴的热爱……

我知道你想问我：“我怎么知道我的孩子有没有天分？”

我也不知道姐姐和弟弟有没有音乐天分。所以我就给他们机会啰。

姐姐十岁时，我终于带她去学琴了。刚开始我不敢买钢琴，就一周三天到琴室租琴练习。十岁的孩子，一周有四天想去弹琴，乐此不疲，一点怨言也没。半年后，我买了一台全新的钢琴。最后的事实告诉我，当时没坚持自己的想法，果然是个错误。

等钢琴买回家，老师也请到家里来上课后，我发现，姐姐对音乐没有天分，更重要的是，也没有热情，钢琴课可有可无。老师请假，竟成了她那天掉下来的礼物。学琴，连带的就是要练琴，她总要我三催四请。起初，我以为是老师不对，因为我从老师的脸上也看不到热情。但换了老师后，孩子的情况还是一样。这样要死不活地学着，也过了两年。

这时候，弟弟也已经十岁了。我不会强迫孩子学什么才艺，但是机会一定要给，“弟弟，你要不要学钢琴？”

“不要。”

“姐姐学，你也跟着学半小时就好。”

“不要。”

“那拉小提琴呢？”

家族里有一个侄女，拉得一手好琴，后来还用“拉小提琴”申请到纽约大学的奖学金。会不会有家族遗传？（这是天下父母的通病，任何好事，都喜欢往自己的孩子身上贴。）

“好。小提琴我可以试试。”咦？这实在很难得。弟弟痛恨放学后还要再去上课，所以之前拒绝参加任何才艺课程。

小提琴买好了，小提琴老师请好了，但是才上第一堂课，妈妈心里就知道“自己的希望”又要破灭了。他一边学琴，一边看着墙上的时钟，那眼神好像恨不得时间可以马上飞向未来。

上课时间是每星期三的下课后。刚下校车的他，得知今天就是星期三的时候，你可以看见他那“绝望”的神情——什么？又要上小提琴课啊！

所以他会主动练琴吗？一星期练三次，每次三分钟，连这样他都很为难。

我知道，如果我不说好，孩子是必须继续学下去的。

“但是，他明明没有兴趣啊。”

“可是，兴趣可以培养，说不定他将来会有兴趣呢。”

两个妈妈在我的心里吵架。

当我犹豫时，很喜欢直接去跟孩子讨论："弟弟，妈妈知道你不喜欢上小提琴课，也不喜欢练小提琴。与其这样，是不是不要学了？"

"好啊。"

"可是，万一你有拉小提琴的天赋呢？万一你继续学，将来是马友友第二呢？妈妈让你放弃，会不会反而害了你？"你以为我不知道马友友拉的不是小提琴吗。

然后，弟弟很严肃地跟妈妈声明："就算上帝跟我说，我将来是马友友，我也不想学。""我根本不喜欢拉小提琴，我根本不想当马友友。""你逼我学，一点用也没有。"

答案已经很明显了。音乐、美术、唱歌、画画、写作……都需要天分。我的孩子没有。我就应该尽早将自己从白日梦中喊醒。

接着，姐姐也趁机说不想学钢琴了。"可是妈妈帮你买的钢琴，怎么办？"

“卖掉啊。”姐姐说得非常自然，舌头完全没打结。

我认命了，全无反抗地认命了。香港的空间寸土寸金，如果将摆放钢琴的位置换算成房屋租金，大约是每个月四千元台币。

“需要卖掉吗？你以后不会想弹吗？”我还在做最后的挣扎。

“没关系，不需要了，你不是正想找个地方再加个书柜吗？”孩子说中了我的死穴。

明天，琴行的人就要将钢琴抬走了。其实我心里很不舍，不舍的不是那台钢琴，而是一个做父母的愿望。但是我告诉自己，做父母的愿望很多，如果都要孩子一一去“勇敢尝试，努力实践”的话，没有自己的空间，那么他们哪有自己的人生呢？

弟弟短短两个月的学琴生涯，留下这张妈妈好不舍的照片。这么可爱的模样，要我毅然放弃，从此再也见不着，真是不容易。但是他的兴趣不在此，你要忍心放手让他走啊。

如果你要离婚了

9月9日　阵雨

要离婚了，希望事情可以平和收场。两个人，可以做朋友。或许“做朋友”这样的目标太远大，但至少见了面，能像跟邻居打招呼一样自然。

如果有一天你要离婚了，最可能的原因就是，他有外遇。他常常各地跑，这种概率高不高呢？答案很难说。如果他有外遇了，而且他准备要跟对方结婚——这是最单纯的情况。

“要跟对方结婚”，显而易见的，代表他爱的人换了。如果这样你们还不离婚，请问你准备怎么处理下半辈子的感情？听多了打死也不肯离婚的故事——“不甘心”的结果，是会把自己的人生也一起赔进去的。

离了婚，一定要告诉自己：用最快的速度走出来。每天这样期许自己，甚至写张大字报往家里最明显的地方贴：

快点走出来，开始另一段人生，才对得起自己。

你知道有多少离了婚的夫妻，到死都还没有原谅对方？没有一百，也有七十。那么你浪费的就是自己的人生。甚至害了你的孩子——

“我妈跟我爸离婚十八年了，到现在她还在骂我爸。”朋友说。

“你觉得你妈什么时候会原谅你爸？”我问。

“等我爸死的时候。”

经常在孩子面前骂另一半，不管你们有没有离婚，对孩子都会产生很大影响。

如果对方不爱你了，财产分分好，而且你要大份的，因为是他对不起你。但这个原则似乎不适用在你家，因为你家里的财物归你管，他一毛也没有。报复他，让他一毛钱也拿不到吗？千万不要。当初他就是人好，才将钱财都交给你，到头来，你怎么好意思利用人家当初的好来报复人家呢。有外遇是他的错，但你不能抹掉他从前的好，一码事归一码事，千万不要被怒气冲昏了头。

“亲爱的，放心，到时我会让你带一半的钱走。”每次看到别人家先生有外遇，我都会这样安慰另一半。不过，到时会不会我也被怒气冲昏了头，很难说。

可是万一他有外遇了，但是不想离婚呢？如果你答应，那你的下半辈子也等于泡汤了。眼见心爱的人还会上别人的床，你怎么快乐得起来呢。但是，这样子过一生的人也不少。——

瓜子的脸蛋，白皙的皮肤，虽然已经六十好几了，却也看得出她年轻时的美貌。当初先生有外遇，她为什么不离婚呢？

“不想称了狐狸精的意。”很多人都是这样想的。

拜托好不好，不是狐狸精的错，即使她有责任，也没有你另一半的责任多。一辈子活在阴霾之中的太太，我看了都想奔上前去问她：当初为什么不离婚，结果浪费了自己的人生。

“不离婚是为了孩子。”千万不要这么说。

一辈子活在阴霾之中的妈妈，孩子的心里也好受不到哪里去。

你不是为了孩子，你是不甘心。“甘心”值多少？值得赔上你自己的人生吗？

如果先生有外遇了，不想离婚，我行我素地继续脚踏两条船，怎么办？我会将家里的钥匙全换掉，让你回不了这个家。既然已经有了另一个家，干吗还要回来？来看孩子没问题，就比照离婚模式，周六接走，周日送回。意思就是，坚持不离婚可以，但我家不等于你家。从今以后，你只能按电铃回来做客。（怎么这么好，还可以回来做客？）

我刚刚不是说了，如果有一天你要离婚了，我希望，事情可以平和收场。把对孩子的伤害减到最小，不要走上意气用事一途。

如果先生有外遇了，最复杂的情况是：他迷途知返，而且你还爱着他。写到这里，我想哭……“出门在外请千万小心，别让我们的婚姻走到这一步”。到时，这将会是我们一辈子的遗憾。

有外遇，绝对是可以抗拒的事。不需别人帮忙，靠自己就可以。有外遇的人，都是故意让事情发生的。如果发现婚姻不合，最有骨气的是：马上谈离婚，而不是去外遇，然后等外遇帮你解决婚姻问题。最没品的是：有外遇却不肯离婚，还想脚踏两条船。如果遇上这种人，家里只有一张大字报是不够的，你得贴得满满的，让自己越清醒越好。

为什么不帮她找个伴

9月10日　雷

小石的父亲壮年过世，当时母亲才五十出头。那是一个美丽的母亲，娴熟大方，是持家好手。十五年后的今天，我和小石喝着下午茶，我问她："你为什么不鼓励你妈妈再婚？"

我说得理所当然，她却被我的话吓到着。好像这辈子从来没听过"再婚"二字似的。她当然听过，只是从来没想过往自己老妈身上套而已。

我说："当时你们已经成年，也不需要你妈照顾了。如果她能找个伴……"我话锋一转，这回没吓到她，"老年人谈恋爱，也是件很美的事。"

你以为只有年轻人才可以海枯石烂吗？恋爱这件事，九岁到九十九岁都爱。

她点点头，眼珠子转啊转的，我继续说："现在也不迟啊，还有二三十年的时间，有个伴一起，你不替你妈高兴吗？"她的眼珠还在转，我知道她脑子满出来的问题，淹没了她所有的思绪。

"你今天回家快去跟你妈妈说。"

小石被我逼急了，说出的第一句话就是："你要死啊，我妈会把我骂死的。"

我知道，她有个"忠孝仁爱礼义廉耻"做到破表的妈妈。先生过世十几年了，每年还是大费周章，按三节三牲三果地到墓地"探望"亡夫。没错，这样守妇道的人家，跟她提再婚，她会直接叫你到贞节牌坊下去跪着；不是活得不耐烦的人，是不敢去提再婚的。

我说："但是，观念可以慢慢改变。你慢慢地说，一次丢一句话就好。当然别吓到她，这又不是革命。"

要是我，我一定会先选好"白马王子"，然后让双方来个"不

期而遇”，再推波助澜。至于来不来电，那就不是外人可以帮忙的了。没关系，谈恋爱不成，当个朋友也不错。有没有听过老来又展开一段新恋情的例子？无论是失婚还是丧偶，每每听到谁的爸爸、谁的妈妈，在老来时得到一个意气相投的伴侣，即使只是同居，我都会从心里“哇”的一声替他们欢呼，替他们感到幸福。

尤其孩子都已成家立业，如果真的是意气相投的两个老人家，一起过日子，当然是比一个人幸福得多。

我说：“考虑考虑，回家跟哥哥姐姐商量一下。”这是好事。

不过我推算，会不会她过不了的关，不在别人，而是自己呢？

我突然想起了自己的妈妈，她一辈子都没什么幸福可言。如果有一天她恢复单身，如果能找到一个疼惜她的人，我一定要帮她办个盛大的婚礼，然后送她去度豪华蜜月。她是个好母亲，只可惜没遇上疼惜她的人。

对了，还有人可以疼她，那个人就是我。

小石，谢谢你，我是一语惊醒梦中人，那个梦中人，就是自己。

弟弟的建构式数学

9 月 11 日　闪电

遇上这样的孩子，你不得不夸奖他。

一放学，弟弟在我面前丢下一句话："今天数学课考试，我……根本不会，但我好像做对了。"这种孩子就叫"皮在痒"。"不会"，对父母来说已经是很刺耳的字眼了，你老兄还敢加上语助词。这次给你蒙对了，下次怎么办？我没继续追问，不到不得已，我不插手孩子的功课。

香港国际学校的考试有三种，对于在台湾长大的父母来说很难适应：第一种，老师一进教室就发考卷，故意不让学生准备，考的就是之前教的东西。用意是让学生知道不可以临时抱佛脚，老师教多少，你就该会多少。

第二种，一开学就考，也是不通知。考试的目的是要让老师知道，你孩子的程度怎样，将来教学好有个参考来因材施教。

第三种，就跟你我小时候考的月考、期末考一样。不过，他们没有月考，只有一学期一次的期末考，平时偶尔有些小考，因课程、老师而异。

因为刚开学，所以弟弟说的应该是第二种。隔两天，考卷发下来了，因为要家长签名，妈妈才得以目睹自己的孩子有“多优秀”——总分六分，他得的是三分。如果换算成一百分的标准，他得的就是五十分。

“签哪里？”这是妈妈看到考卷时最常说的一句话。如果成绩还不错，摸摸头，报以微笑；如果成绩不好，顶多是将舌头顶着牙齿发出嗞嗞嗞的惊吓声，再补上一句“要用功”。

妈妈认为成绩不重要吗？我脑子坏了才会说成绩不重要。我还希望他有一天可以进哈佛呢。但是，我自始至终都让孩子明白：成绩是你自己的事，不是妈妈的事。你自己要用功才有好成绩。“用功”的定义，也包括上课要专心。

弟弟的成绩一向不错，但到目前为止，我根本没看过他在家里“用功读书”，完全没有，一天也没有。所以他上课应该很专心。

等我翻开考卷一看，瞬间呈现惊恐状。一张 A4 计算纸上，密密麻麻地全是数字，“弟弟，你是怎么算对的？”

原来考试只有一题，“这个题目其实有点可笑。”弟弟说。然后开始跟我口述试题，我怎么听都觉得他好像在跟我说故事：有三个小偷，偷了 1321 个金块，每个金块价值 50000 元。晚上大家睡觉后，小偷甲睡到一半偷偷起来，心想别人可能分的不公平，于是将金块平均分成三份，自己将其中一份拿走；最后还多了一块没法分，他就埋入地下。不一会儿，换小偷乙起床了，他也怕别人分得不公平，又开始平分，也拿走一份，也将多的一块埋入地下。小偷丙做了相同的事。

故事还没完呢！等白天三个人都起床了，三个人都以为另外两人不知道自己做的“好事”。于是三人又将剩下的金块平分，一人拿走一份，这次刚刚好，没有多一块了。

考题是：最后甲、乙、丙三人，各得了多少钱？

我往后一翻，都是上千万的数字啊，“弟弟，你是怎么算对的？”为什么答案是对的，老师却只给了五十分？

老师在考卷上写着，“你的答案完全正确，很好。但是，我完全看不懂你是怎么算的，下次要将算式写清楚。”

“弟弟，”此时姐姐插话了：“你下次可以跟老师多要一张纸，我上次答案错了，但算式是对的，还有八十分呢。”这是西方教育的思维，他们想教你的是方法，不是要训练你成为一台计算器。

考了五十分的孩子，脸上的表情当然不会太愉快。但妈妈却开始呼天喊地，“弟弟，你实在太伟大，你根本不会除法啊！”他一开始透露所谓的根本不会，就是他完全不知道怎么做除法运算。

“学校没教吗？”我连问了三次，他最后只好说，教了，但是不记得了。

“不会除法，只会乘法，这么大的数字，你到底要怎么算呢？”

原来，他用山顶洞人的方法，心里假想有 1321 个金块，然后慢慢分。一千个先分三份，一人三百，多一百再一人三十……天啊，这不就是所谓的建构式数学吗？不用公式，一步一步慢慢来，让你知道基础数学的原理在哪里，而不是只让你套公式算答案。

“弟弟，妈妈一定要给你膜拜，你完全不会除法，却可以算出答案来，实在太厉害了。你有这等耐心，你的前途无量，上哈佛绝对没问题，上太空都可以了……”我不知道弟弟怎么想他妈妈的，但我真的是发自内心地佩服他。

我一边影印他的考卷留念，一边很好奇地问他：“你们班不是有人数学很好，那不是三分钟就做完了？”

“没那么快，有些人连题目都看不懂。”

他点出了父母真正需要为孩子未雨绸缪的东西——语文教育，是全部学科的基础。语文理解力弱的孩子，学什么都辛苦。

“至少要一二十分钟吧。”弟弟说。他并没有时间管别人，因为当时他应该连自己都快要顾不了了。

“这道题你做多久？”我问。

“大概一小时吧。”

“这么久？”我又开始乱喊乱叫。我不是嫌他笨需要这么多时间，我是佩服他啊！要是我，连除法运算都不会，不是直接放弃了吗？考不好老师又不会骂人，妈妈也不会，我这么认真做什么呢？而且，一千三百多个金块那，分完又不能带回家，分一次也罢，还要分四次啊！

“那别人做完后，教室不是很吵？你怎么专心？”我心疼他。

“先做完的不能讲话，只能安静待地在位子上做自己的事。”弟弟终于想起来了，“可是Tommy很吵，一直在我旁边说话，我叫他闭嘴。”骂得好，叫全部的人都闭嘴，不然我要拿机关枪出来扫射了，我的小乖乖在分金块，你们不要吵他。

最后我问：“如果你有时间，将你的算法重新誉得漂漂亮亮，让老师看懂了，他会给你一百分吗？”我们俩都很怀疑。

如果我是老师，我会给你一百分。然后再出一道题，将1321个金块，改成1234567个金块。你这个坏小孩，不好好学除法，我看你怎么办。直接睡在教室不用回家了。

“弟弟，老师根本没发现你不会除法。如果发现了，他肯定会给你一个大大的拥抱。像你这么有耐心和毅力的孩子，要去哪里找啊！”

“弟弟，来，给妈妈一个抱抱。”我将他拥入怀中，说：“来，从今天开始，我们来练习除法，不然，你会害死自己的。”

为了什么事，可以笑得这么开心？一定是孩子太可爱了，妈妈忍不住开始录像。如果没有录像，我们不可能记得——原来弟弟想开果酱，请爸爸帮忙。爸爸拼了老命也打不开，弟弟转头请姐姐试试看，结果姐姐轻轻一转就开了。这么小的事，姊弟俩就笑翻了。

时隔四年，我把录像给爸爸看，他看了都快哭了，说："为什么弟弟一直跟我说话，我都不理？"

我安慰先生："可能你太饿了，急着先吃饭。"

先生说："唉，当时我不理他，现在他不理我。公平。"

当婆婆妈妈在聊天

9 月 12 日　晴

当婆婆妈妈在聊天的时候，我总是躲得远远的。我猜想，我给人的印象，不是孤僻，就是高傲。

我不爱跟人聊天吗？不是。整天跟小孩混在一起的全职妈妈，最需要聊天纾解压力呢。当孩子上幼儿园时，你有很多机会认识很多的妈妈，可能是放学前等孩子的当口，可能是学校的活动。但是，只要看到一群妈妈在聊天，我会刻意回避。

为什么？第一，当孩子已经在身边了，妈妈却开始跟人聊天，超过五分钟，我就觉得对孩子是种“不敬”。事情有这么严重吗？我反过来解释给你听：你可能跟朋友站在路上聊天，然后让先生在旁边枯等五分钟吗？为什么我们不会对待大人的事，却轻易放到小孩身上去呢。

第二，校门口凑在一起聊天，聊的都是什么内容呢？这种临时的话搭子，不猜也知道，聊的都是孩子。孩子有什么好聊的呢？当然就是我家孩子又学了什么才艺课，你家孩子又得了什么奖杯……我家孩子什么也没有，因为我的教育方式常常是“反流行”。

“自己的孩子很棒，不怕输给别人。”养育孩子不是要拿来炫耀的。父母对孩子的信心最重要；当你觉得你的孩子最好，他就是。可是，人外有人，天外有天。一山还比一山高，对吗？

因为，我也可能受别人影响。

记得有一次，姐姐小学一年级，我在学校的楼梯上遇见了一名同班同学的妈妈，聊起了孩子的英文拼字能力。我知道姐姐的程度落后，我也知道这名同学的程度超前。多超前呢？姐姐是“Dog”怎么拼还要想五秒钟，同学是“Conversation、Comprehensive”，只要是你念得出来的字，他都可以用自然发音法拼出来。同学的妈妈不藏私，开始对我面授机宜；她的说法信誓旦旦，只要照着做，每个孩子都可以。我真的也“听了进去”，准备将教育孩子的原则转向——马上去买她介绍的教材，每天让孩子“多做练习题”。

还好，孩子的爸爸了我一把。当我回家跟他报告今天听到的“新知”后，他只轻描淡写地说：“这么小的年纪，会拼这些字要做什么？

“长大后，她需要记住时，再去背就好了。”

姐姐，我帮你谢谢你的爸爸。

即使我对孩子的信心这么足够，都可能受别人的影响。更何况是没有信心的父母呢？

不是将别人会的都往自己的孩子身上套，就叫培养孩子。

学习和心智成熟度要互相配合。胡乱往孩子身上加东西，那叫揠苗助长。

昨天收到一位妈妈的来信。

我的孩子读小学二年级，还没开始学英文，原因是孩子太小，时间有排挤效应；如果我送他上补习班，势必排挤了孩子运动、游戏、玩乐的时间。可是最近跟身边的同学妈妈们聊天，个个都上补习班，我真的光念英文故事书给孩子听就够了吗？

我的回答很简单：下次看到妈妈们在聊天的时候，赶快用跑的离开现场。

妈妈已经有自己的主见了——让孩子的童年多点空间——如果觉得这个方向没错，就不要盲目跟风。因为你不了解别人家的情况，别人也不了解你家的孩子。不是要你故步自封，而是路上听来的参考性都有待商榷。如果真的需要意见，也应该找志同道合的人。当妈妈脑子里太多杂音时，帮助不但不大，还可能让自己陷入惶恐不安的情绪里。

更可怕的是，你家孩子的命运，竟然是掌握在路人手里。你不觉得很恐怖吗?

“让孩子多学些东西，对将来总是好事啊。”一定有很多父母这样想的。我从来不相信这种说法。

五天不说话

9月14日　大雾

你长这么大，第一次，连续五天不理妈妈。不要说五天，连五小时都没有过。你是不是要脱离小孩阶段，准备长大了，还是，你真的太伤心了？

五天前，睡觉时间到了，我像往常一样随手拿起床头书来看，那是一篇朱天心小时候养了多少猫狗的趣事。你走了进来。我突然说：

“我们养只猫，好不好？”

“妈妈，你不要再随便乱说了。”

你根本不愿意听我继续说下去。

当你们还是小学低年级，就开始问妈妈，可不可以养一只猫。但是那时你和姐姐的异位性皮炎都还没好。妈妈才刚通过你们过敏最严重的婴幼儿期，情况好不容易舒缓了些。

“每次我和姐姐问你，你连想都没想，就一口拒绝我们。”

你清楚地记得妈妈的“绝情”。

两年前，你的异位性皮炎几乎好了，姐姐一年前也好多了。你们又开始问养猫的事。那时，妈妈的写作生涯才刚起步，每天都很忙，再加上香港的房子太小，人都不够住了，你们的希望还是落空。

经常，当妈妈看到可爱的小猫、小狗而露出喜爱的神情时，又会让你们燃起一丝希望。但希望落空几次后，你们彻底放弃了。有一次，妈妈看到桃园机场里的缉毒小狗追着爸爸跑，原来是下飞机前，爸爸吃了妈妈带上飞机的一袋樱桃，被机场猎犬闻到了。狗的鼻子真灵啊，整机场满满的人，当时爸爸一马当先，穿过人群去拿行李，脚步飞快，那只小狗也循着爸爸挤开的人群路线，紧追不舍，连带着小狗的航警都有点跟不上了。妈妈在后面一惊，怎么有“狗仔”追着我们爸爸不放呢？

“好可爱的狗狗。”追捕到爸爸后，它马上获得一个零食。

“如果我们要养狗的话，我想养这种好不好？”当时我情不自禁地说。

“妈——妈，你不要再这么说了好不好？你根本就没有要养狗，这样说只会让我们很伤心。”当时弟弟严肃的语气，让妈妈惊觉下次再也不能随便这样说了。

但是，你还是不放弃有只小猫或小狗。

“妈妈，养一只猫咪要多少钱？我存了一千元港币，全都送给你。”一个小孩存一千元要花多少时间啊。帮妈妈的书画一幅插图才七元港币。

姐姐呢？和弟弟一样。“妈妈，养狗，我们全权负责，洗澡、吃饭、遛狗我们自己做。”你什么时候有空遛狗？你放学后比谁都忙。

“我可以每天早上五点起床，带他出去遛。刮风下雨都去。”你们信誓旦旦，我也从不怀疑。只是，我没法承诺——养狗养猫不是“买一只回来”就好，那是至少十五年的承诺啊。想到十五年，想到我们如果离开香港，带宠物比人还麻烦得多，它除了要买机票外，还得先有检疫证明才能上飞机……

我故意没看到你们的需求

“这次，妈妈没有乱说。我们先来讨论，如果我们家要养猫，猫砂盆放哪里？”猫咪不难养。妈妈刚结婚时养过一只，一包猫饲料让它吃饱，一个猫砂盆让它上厕所，其他好像没什么事了。“对了，当时我们每一两个月会送猫去洗澡，接接送送，香港我们又没车……”妈妈一口气丢完眼前的问题，没想到都被你一一解决了。最后一关是爸爸。他从头到尾都在我们俩旁边加班工作，一句话也没说。

妈妈使了眼色要弟弟先走，不能急——爸爸要用“智取”。

可等弟弟一走，我哪里有耐心用什么智取。我单刀直入地问：

“爸爸，可不可以养猫？”

“不可以。”

“为什么？”

“家那么小，怎么养猫？”说香港一千三百尺的家太小，可能会气炸了百分之八十的香港人。我不想正面跟他争，我用不理性的方法。

“从前你说，我说可以养就可以养。为什么现在却变了？谈恋爱的时候，我说什么都可以，为什么现在不行……”

其实，先生比我还喜欢猫狗，但是他爱干净，公寓养猫狗，家怎么干净得起来。先生没说话，继续加班。我心平气和地撂下一句话，就翻身睡觉了。

“孩子还小，你现在给他养，跟他们十八岁时再养，对他们的童年回忆是天差地别的。我比你更怕麻烦。这事，你说了算。”孩子童年幸福的多寡，都在你手里，你自己看着办吧。

这几年，我猛带孩子出国旅行。我知道，只有五年的时间，虽然以后还是会跟孩子去旅行，但是感觉不会跟现在一样了。什么时候让孩子养宠物，我也开始抱持同样的想法。

隔天，我们看到爸爸在网上查询收养猫狗的事。弟弟跟我使使眼色，高兴得不得了，但还不敢喜形于色。当晚七点多，我就带着姐姐和弟弟（爸爸随即出差了）坐上了出租车，“麻烦到旺角，SPCA（防止动物受虐协会）谢谢。”

我强烈建议，任何想要养宠物的家庭，都应该先到这个组织参观一下。“用领养代替购买，就是爱护动物的表现。”这是一个全世界的慈善组织，在香港九龙共有八个分所，总部位于香港湾仔。

看到香港拥有这么健全的爱护动物组织的存在，不得不说香港是华人社会里很进步的地方。不进步的地方，不可能有如此善待动物的组织。

又开始有说有笑

不到十坪的地方，很干净。三只活泼的小猫关在同一笼子里，一只爱睡觉的小猫在隔壁，下面是只有血统的成猫。妈妈很感叹，从收养动物就可以看出人性。小猫最快被收养，如果是有血统的漂亮成猫，也不成问题。我就看上了这只有血统的大猫，它让我想起了我的“旧爱”。

当初刚结婚，搬离了娘家。我看到退休的父亲白天没人陪，想帮他养个宠物。当时我一派天真，问了台大兽医系刚毕业的朋友，他马上介绍了一家学长开的兽医院给我，里面有只待领养的猫。白色，波斯猫，六岁。我跟先生只考虑了三秒钟，就把她带回家了。

等我们跟她混熟了，要送给父亲做伴时，他却斩钉截铁地说：

“不要。”完全没有犹豫地，我们就养了它。从此我们一家三口和乐融融，直到姐姐出生。

我给它取了个自以为幽默的名字“狗狗”，想说下回如果养只狗就叫“猫猫”。狗狗得到我的极度宠爱。我从来没养过小动物，一养才发现自己原来有这么大的母性。六岁的狗狗，几度换过主人，所以个性紧张。第一周我们送她去宠物美容院洗澡，回来后她就多了一个绰号，叫“冲冲猫”。因为她在那里满场乱飞，澡是洗好了，但在眼角和嘴角边都有明显的撕裂伤。当时她挑了我们的浴室洗脸盆当睡窝，我在门外看着它，忍不住哭了起来。

没几天，她主动走出浴室，成了我的“第一个小孩”。但是，我没资格这样说，谁最后会把自己的小孩送走。“冲冲猫”跟着我们过了两年的好日子。原本全屋子，她爱去哪儿去哪儿，但等姐姐出生没多久，它就被关进了客房。其实，最初不是这样的，但因有一天我们抱着姐姐出门散步，回家后发现姐姐的婴儿床怎么湿湿的，我凑近一闻，有刺鼻的猫尿味。很明显的，它“吃醋”了——“为什么你们只爱那个小婴儿，不爱我了？”

所以，如果你家有老大吃老二的醋，一点也不要责怪老大，反而要更细心的照顾老大的心理。连只猫都会吃醋，更何况是你原来捧在手心上的孩子呢。

等弟弟出生后，狗狗又搬出了客房，住进了后阳台。最后一年，我们唯一的互动——她会走到连接厨房的纱窗边喵喵叫，我就会走过去蹲下来，我甚至连阳台都没出去，只是蹲下来隔着纱窗看着它、跟它说说话。当时，我是两个幼儿的妈妈，全部心力都给了自己的孩子，哪有多余的力气再给它呢？现在想起那段日子，都觉得好对不起它。

最后，弟弟一岁半的那年，暑假全家要去美国探亲，有人提出将它送人的念头，但是送给谁呢，只好去问宠物店。

“我们可以帮你寻找收养人。”

“如果整个暑假都没有人要收养呢？”我问。

“您不需管，我们可以帮您处理。”

“处理？”我惊。

“没关系，我可以再将它带回去。”我赶快说。

我写了封文情并茂的小信，列了十大项“冲冲猫”的优点。两天后，它就被收养了。新主人还打电话给我，问我这猫为什么这么“奇怪”，跟她家其他的猫都不一样。“它不是奇怪，是特别。”那通电话，我用了自己最大的热诚，告诉对方“冲冲猫”的个性有多善良、生活习惯有多好，“这是一只好猫，希望你可以好好爱它。”

屈指一算，她现在应该已经在天堂了。

当初，年轻不懂事，什么都没想清楚，就将猫带回家。现在已经不年轻了，如果还犯同样的错误，那真是太不可原谅了。为了孩子的幸福，我已经想得很清楚：养它，就是一辈子的事。但是，上周去动物收养中心后，姐姐因为接触猫，异位性皮炎又发作了，怎么可能还养呢？

弟弟第二天起床，没跟妈妈说半句话。放学回来到睡觉前，也是没有半句话。睡前，妈妈说：“如果要确定姐姐是不是真的对猫过敏，我们再多去几次。这星期我们再去好吗？”弟弟一句话也没说，转身就睡觉了。

第二天也是这样。

第三天也是。我呢？还是早上叫他起床，下午接他下校车，晚饭好了叫他吃，睡觉时间到了叫他洗澡。他呢？他一回家就写他的功课，功课写好就看书或玩玩具，他的生活一如往常，只是一句话也不跟我说。

第三天的晚上睡前，我在客厅叫他去洗澡，没有回答，我走进他的房间一看，吓了一大跳，他受伤了，左手压着右手的拇指，打开的瞬间，鲜血流出。原来他修理积木时，不小心挫伤了指缝——

这个可恶的孩子，换成平常，他早就哇哇地大喊妈妈了，但是，他赌气到这个节骨眼也不出声。忍着痛，还是一句话也不说。问他怎么受伤的，也不回。当时，我有点难过。有些大人会将自己难过的心情，转化成怒气，把孩子痛骂一顿。可是我没有，为什么？

照理说，我一点错也没有。——是姐姐过敏，又不是我的错，他不可以把账算到我头上吧。我如果想发脾气，似乎可以理直气壮，还可以冠他一个“无理取闹”的罪名。可是我默默承受。在传统的观念里，这样的孩子是可以抓来修理一顿，看你下次还敢不敢。

我从不管“下次”，我只看“现在”。现在，他伤心难过，有地方发泄吗？而且，他到底有多伤心和失望呢？说实话，我不能体会。因为想养猫的是他不是我。试想：如果先生要送我一栋大别墅，然后我和孩子去看了房子后，先生说孩子对屋子过敏所以不送了，别说五天，我五百年都不会再跟他说话了。

弟弟伤心，没有人可以帮他。他是好孩子，今天伤心到不想跟妈妈说话，或许，他就是有气没处发泄，只能找妈妈开刀。当全世界没人可以包容你的孩子时，他找上了你，要你去包容他，这种难得让你展现“爱”的时候，结果你却将他骂了一顿，或来上一通大道理，明智吗？

星期四的晚上，在他的床前，妈妈又开始自说自话了：“妈妈明天要跟姐姐去 SPCA，你要去吗？”他还是一句话也不说，转头就睡。

第二天，等我和姐姐从 SPCA 回到家时，已经晚上七点了。香港的缺点就是人太多。尤其是上下班时间，处在旺角这种万头攒动的地方，每每让我有“出家当尼姑”的念头。进了家门，我马上去洗澡，洗完澡头发还湿湿的，我就腰酸地躺在床上。香港，除非你找家店吃东西，不然也是没地方可以歇的。在 SPCA，陪姐姐跟猫玩，我站了四十分钟；再加上往返的车程，我已经不年轻了，累坏了。此时，透过门缝，我听到五天来，弟弟开口说的第一句话。他问姐姐："你们去看猫怎样？"

"我还是过敏。"姐姐说。一只眼睛先发痒，接着红肿，而且还没走出门外就发作了。

"我们上次看的猫呢？"弟弟问。

"全都被领养走了。不过又来了三只，有一只好可爱……妈妈回家的路上在赌气，因为等不到出租车，又找不到地铁站……"

然后，我听到姐弟俩又开始有说有笑了。

我知道，没事了。

我用了五天的时间，让他的心情平静下来。

我走出房间，弟弟又开始跟我说话了。

第一句就是："妈妈，姐姐对猫过敏，那狗呢？"

姐姐和弟弟虽然小学低年级就进入全英文的国际学校，但是他们写妈妈额外的中文功课写到十二岁。最后两年，也是孩子还愿意听妈妈话的最后两年，弟弟每天要写二十个生词，每个生词写三遍。生词得自己从故事书上找。妈妈打的如意算盘是，边找生词就等于边看了书，很奸诈吧。但孩子也不是省油的灯，笔画多的，统统当作没看到。

大哉问：为什么要学化学

9 月 18 日　晴

不只化学，我还学过数学、物理、生物、地理、历史……但是，我从来没问过别人，为什么我要学这些东西。因为别人都在学，我也跟着学。学了以后有什么用？这样的问题不曾出现在我的脑海里，因为我只知道一件事：考试要考。

姐姐上了初中，也开始学这些东西了。她的成绩大致落在“差强人意”。去年学期末公布之前，她突然说：“妈妈，我可不可以不上学了？”她不是觉得生命无趣，而是她想将全部力气往她的兴趣冲刺。我只对她说了一句话，她就豁然开朗，我说：“成绩单不用拿给妈妈看。”她果然没拿出来，然后我们就快快乐乐地去过暑假了。

为什么我不担心孩子的成绩？因为大家都说“成绩不重要，将来要看你的能力，不是看你的成绩单”。我从来不相信这种说法。看看学校里成绩最优异的学生就知道（不敢说全部，至少很大的比例），他们的作业报告、学习态度、研究精神，水平之高，绝对让你感叹：“未来的世界不是他们的，还能是谁的？”

所以，姐姐和弟弟都知道，他们的爸爸妈妈很重视成绩，但是他们更知道，“成绩好坏是我自己的事，不是父母的事。”我让孩子知道这个事实，但我不会催促孩子用功读书。好成绩不能靠父母催促。靠父母催促而来的成绩和文凭，很可能形同废纸。

新学期一开始，姐姐就一副发愤图强的模样。“妈妈，我要做数学了，你教我一下好吗？”她将全部的课本作业搬到客厅的大餐桌上，想就近问妈妈比较快。她能问我的，其实就只有数学了。初二的数学，翻翻课本的解答我还应付得了。我们一起做了好一会儿数学，姐姐突然蹦出一个问题：

“妈妈，为什么要学数学，我大概猜得到，但是，为什么要学化学呢？”

她的化学课经过最基本的质量表之后，越来越难了。前几天她拿化学作业给我看，当然不是要来问功课，目的是来炫耀，“妈妈，你看看我做的功课好难哦，你一定不会。”天啊，密密麻麻的，何止不会，看了我都头晕。

我被孩子的疑问框住了，孩子看我没话可说，不只没有问倒妈妈的快感，反而开始解释：“我已经知道我以后要做什么，跟我现在学的东西都没有关系，为什么我还要花时间学这些东西呢？”

刚满十四岁的姐姐，对人生的第一个感觉是：时间不够用。她热爱写作，每天早上五点起床只为了写东西，并乐此不疲。但是一个人的精力是有限的，当她要顾学校的功课，又要顾自己的兴趣时，她感叹啊，想不透哪里还可以挪出一点时间来，所以动脑筋到了化学头上。

不过她的疑问，有人可以帮他回答吗？或是，如果有一天你的孩子问你相同的问题，你会怎么回答呢？

三十秒钟后，我说：“你知道人类是怎么上太空的吗？你知道 101 大楼是怎么建起来的吗？如果当初没有人学化学、物理、生物、数学……这些事情都无法实现了。你确定了你要什么，可是还有很多人不知道，所以大家一起学这些基础科学，让每个人的所长都有发挥的一天……”

以上，属于八股言论，真话我还没说呢，远在十步外做功课的弟弟却插嘴了："姐姐，你不能百分之百确定你以后一定可以做什么。所以，现在都要学。"

谢谢弟弟的补充。

如果我是胆子够大的父母，我会说："如果你真的保证你将来走的就是写作这条路，没错，化学不用学了，数学也不用学了，因为日常生活只会用到加减乘除。你现在学的函数也不需要了。"

有时候，孩子问你问题，不是要你给答案。因为他们会渐渐明白，世界上有很多疑问，不走到最后一步，不会知道答案。

耍小孩子脾气

9 月 23 日　雾

你是大人了，竟然耍小孩子脾气。对从不拒绝你的先生，你也不会。但是，你竟然对她耍小孩子脾气。而且，是在认识她十年后才开始的。

你刚认识她的时候，你不止不会对她耍脾气，甚至是百般呵护。她对你予取予求，你对她百依百顺。刚认识人家嘛，总要给人家留下好印象。但是，你认识她的时间越久，我越发现：你脾气很好，对人也很大度，你对谁都不会这样，唯独对她；你会在某些特定的时空里，对她耍小孩子脾气。

好几次，她借你的计算机印些东西，不到二十分钟，你接手用时发现计算机哪里不灵光，你会大声嚷嚷，甚至发出小孩子要不到糖吃的呻吟。在你弄不清责任归属前，你就将全部罪过往她身上推。但是很奇怪，她明明可以不理你的无理取闹，却还是默默地回来帮你修计算机。你在旁边不帮忙也罢，还会哇哇地继续抱怨，甚至她请你不要吵了，你也不听。

后来我发现，情况越来越严重。偶尔她跟你借东西，可能早已经还你了，可是你不管，反正你要用时找不到，就马上开始嘟哝。好像小学生找不到作业本，只能拿妈妈出气似的。原来，你遇上心情烦躁的时候，竟然会找她出气。

昨天，你们一起去 SPCA（防止动物虐待协会），前后停留了大约一小时，等你们要回家时，发现正是街上人最多的时间，星期五傍晚六点——下班的人潮，车水马龙。你们先开始等出租车，等了三十分钟没有结果，就只好边等车边往前移动，看看概率是否大些。结果发现，往前行的整条街旁都是叫出租车的人，于是你开口说坐地铁好了。她不想坐地铁。你们也根本不知道地铁站在哪里。她还是跟着你满街找地铁站入口。

你知道吗？她肩上背的大书包，足有五公斤，因为她是下了课直接来跟你碰头的。来程时，你还体贴地把自己的小皮包跟她换着背，但是此刻，街上满满的人，加上找不到地铁的烦躁——你又开始发耍了小孩子脾气。

你开始怪东怪西，你开始抱怨她不帮忙找路，你甚至抱怨自己的脚好酸。她的脚不酸吗？而且她肩上还有五公斤重的大书包。你这会儿不仅不帮她背，还一个人径自地往前走，连回头看看她跟上来了也没有。你们是讲好一起来的，等不到出租车与她无关，找不到地铁站与她无关，你的脚酸也与她无关，但是你却不管，你对着她耍小孩子脾气。

你是个讲理之人，你一辈子也几乎不耍小孩子脾气。连最爱你的先生，你都不会。结婚二十年了，你何时跟先生无理取闹过？没有，一次也没有。为什么你却对她这般，她只是个十岁出头的孩子啊，她根本就是你的宝贝女儿啊。

今天，我终于发现了这件事，所以我不得不提醒你：小孩不是你的财产，他们是独立的个体，即使你对他们有养育之恩，你也没有权力对他们无理取闹。你或许无意识地认为小孩长大了，要开始承担责任了，但他们没有承担父母无理取闹的责任。

什么叫无理取闹？就是别人明明没错，你却硬把责任往别人身上推。

或是，你也不小心落入了父权时代的想法，“我是你爸你妈，我做出的一切，你们都要无异议地概括承受”。看着她跟在你后面默默无语，她的心里是不会服气的。她只是不愿意跟你吵架，她只是不想看到你生气。你知道吗？父母理所当然的心态，会悄悄地啃蚀着你们的亲子关系。理所当然的心态，是任何关系中的毒药。

爱和福气，点点滴滴都要珍惜，因为它们是从珍惜中生出来的。

姐姐，妈妈好爱你，我会试着改变，不让你再受这种无名气。还好你只有十三岁，就有人来提醒我。还好你不是已经三十岁了，不然我会懊恼死。妈妈可能还会再犯一两次，凡事都需要练习，你要给我机会喔。

小孩太笨

10 月 7 日　晴

有部电影叫《小孩不笨》。我没看过，是姐姐在学校看的，回家后说给我听，讲的是大人自以为很聪明的故事。

大人总以为小孩不懂世事，所以常常不自觉地在孩子面前有不恰当的行为或语言。我能想到最典型的例子就是：大人常常在别人面前批评自己的孩子，而且孩子就在旁边，可能大人心想“小孩听不懂大人在说什么”。更夸张的例子是：有人带着孩子去跟外遇的对象约会，以为小孩不清楚对方是谁。对，小孩当下不一定知道，但是总有一天，孩子会把全部的事情串在一起。

姐姐看了这部电影的两三年间，只要与我讨论事情，如果我解释的太多，她就会用这个电影名字来堵我。但我从来不认为小孩笨。

但是，小孩到底有没有笨的时候呢？当然有。那其实不叫笨，那叫天真。天真原本就是小孩的本质之一。当孩子做了什么天真的事情，我从来不以“笨”来看待，不是口头忍着不批评他们笨，而是发自内心地不这么认为。“笨”是一个很伤人的字眼，可有些大人却当口头禅对着孩子喊。

“我笨就是因为你生的啊。你再说，我以后就抱怨是你把我生得这么笨。”小孩们，请将这句话学起来，拿来对付那些不知天高地厚的父母。

一年前，我开始对姐姐和弟弟反击了。他们说“小孩不笨”时，我接受。但是当他们做出了什么笨事情时，我就明目张胆地开始嘲笑他们。之前我不曾做过的事，为什么现在就敢了呢？第一，我故意用戏谑的方式说话，孩子渐渐大了，开得起玩笑。第二，姐姐和弟弟已经知道自己不笨，任谁说他们也没用。

昨天我又逮到机会了。姐姐问了我一个问题，我猜，那是青少年间喜欢互相询问的小游戏。她问得很认真：“如果有两种选择，你会选哪一个？”

第一个，偏僻的森林里有一栋房子，你必须自己在房子里待一个晚上，但是不会有任何危险。

第二个，你必须露宿森林，而且整个晚上风雨交加，另外，不保证你的安全，但是有好朋友的陪伴。

“当然是第一种啊。有人会选第二种吗？”我想都不用想。

姐姐一听到我的答案，露出窃喜的表情，好像又捉到机会可以“藐视”妈妈了。她扬扬得意地说：“我的同学，全都选第二个。”

露宿森林，风雨交加，还不保证安全？”我没说任何笨的字眼，只是再次确认。

“Linda 也选第二个。”她赶紧搬出美国堂姐的答案助阵，她已经十九岁了，是个领全额奖学金的大学生。

我开始哈哈大笑，“由这个故事来看，小孩真的太笨了。”

姐姐的表情好像是手上拿着一百分的考卷，却发现考卷上的名字不是自己的。妈妈继续将故事具象化：“你有在外面淋过大雨吗？不要说整个晚上了，一小时就好，”她的表情开始有了变化，“整个晚上都淋着雨，还在森林，还有危险，你们统统选这个？不是小孩太笨是什么啊……哈哈哈……”

我当然知道，她们要表达的是青少年最重视的一件事——友谊。在青少年眼里，全世界的人都可以消失，只要朋友还在就好。

“喜欢跟朋友在一起很好啊，但你不会选好天气吗？”

“非得风雨交加才显出友谊的珍贵吗？”

哈哈哈哈哈，我嘲笑孩子，笑得好开心。姐姐一点反驳也没有。但是她知道“君子报仇，三年不晚，妈妈笨的时候更多”。我只是坐着等。

后记

此一事件，让妈妈更加警惕：青少年需要父母的监督、付出时间和关心，一样都不能少。他们大多时候是聪明的，可是，一旦一群朋友在一起，会做出什么笨事，真的很难说。

孩子，不是妈妈不信任你，而是有些时候，连你自己都要小心你自己。

天生都是好孩子

10 月 12 日　晴

父母来家里小住，五岁的侄儿也跟着来了。有一天，我带着他从小区泳池回来，全身湿淋淋的，他一回家就找奶奶帮他洗澡。但是，奶奶正在帮爷爷洗澡。“来，我先帮你把上衣脱掉，等爷爷洗好就换你了。”他站在浴室门口，静静等候。

没多久，我听到奶奶从浴室传来的大叫声，“谁把热水关掉了？怎么搞的？”我赶紧往浴室冲。其实奶奶是个和善之人，她紧张的是爷爷；古代的女人，男人高兴她就高兴，男人生气她就害怕。

“以后不可以这样做。”我用中立的语气对着侄儿说，“爷爷在洗澡，突然没有热水，很不舒服。以后不可以。”侄儿的眼睛瞪得大大的，好像自己也被吓到了。我从他轻轻点头的表情里，看到了歉意。

他不是第一次这样捉弄奶奶了。几天前我也听到奶奶从浴室传来的喊叫声。为什么他一犯再犯呢？他应该不是这样的孩子。

“你这个孩子怎么这么淘气，跟你说不可以，每次你都这样，烦死人了……”奶奶一出浴室就不耐烦地骂他。

“糟糕啊，不懂事啊，唉，你爸爸妈妈都没教好你，让你这样越变越坏……真是糟糕啊……”爷爷的批评更是不留余地。

你知道吗？孩子天生都是好孩子，是“大人的不当语言”慢慢地教坏了孩子。

当我急急冲向浴室时，第一要务，不是要去阻止小孩，而是，我知道大人口无遮拦的言语又要出笼了，我很怕孩子听到这些不恰当的话。——小孩做错是事实，但是大人不可以因此“胡言乱语”。

孩子做错事的时候，大人常常是一阵乱批评；不是翻旧账，就是将祖宗八代都翻出来批斗。爸爸怪妈妈教不好，妈妈怪爸爸遗传基因不良……甚至只是大人自己对生活不满意，利用孩子发泄而已。

大人管教小孩时，如果记录下来，就会发现，十句话里有九句是批评这个“人”——淘气的孩子、找麻烦的孩子、没被教好的孩子、惹人厌的孩子、真想把你丢掉的孩子、天生坏胚的孩子、没出息的孩子、没救了的孩子……

大人说话要小心。小孩做错事时，请将重点放在做错的事情上，批评“人”的话请一句也不要说。

还有一种大人，让我看了真是不顺眼：他虽然不直接批评你，但是他会唉声叹气。你当孩子不敏感吗？你叹气，就是对他失望。小孩做错事，大人就随意露出失望的神色——我才真想替家里有这种大人的小孩叹气呢。

“小宽，”一天后，我跟侄儿聊天，“如果你在洗澡的时候，灯突然关得全黑了，或是热水突然变冷水，你会不会很不舒服？”其实，他根本不知道，他家的开关只管灯亮不亮，我们家的还管水热不热。小小的他默默听着没说话，但是这句话我一定会接着说：

“我知道你是好孩子，我知道你不是故意的。有时候忍不住想淘气，就去按那个开关了，对不对？”因为他们是孩子，自制力本来就不够。“以后，一定要试着忍耐，别人洗澡时，不要去玩开关。试试看，如果你下次忍住，成功了，来跟姑姑说，好不好？”他点点头。孩子会以自己的自制力为荣的。

大人一定要相信，孩子都是好孩子。不止口头不要乱批评，内心也要这么相信。孩子的自制力，不是靠骂出来的。骂，或许有短期的效果，可是你准备骂他一辈子吗？大人话里的字眼，如果批评太多，当孩子发现这个人又要开始批评时，他们会“练习”将耳朵关起来。因为小孩承受不起这些侮辱人的字眼，所以他们连带也会听不到你真正要表达的事情。

管教孩子时，请练习：就事论事，说话中立。

不要每次都胡乱说一大堆话，孩子哪里听得出来哪一句才是该听的道理？当孩子一再地去玩电灯时，你不要说“他是个糟糕的孩子”，你只需要说“你这样玩电灯，我在里面很不舒服”。

如果是再犯，可以说语气严肃些，但千万不要开口批评他的人格。

批评孩子的人格，就是将孩子往更坏的地方推。你得相信他是好孩子，他才会生出更多的自制力，往正确的路上走。

你不知道怎么教孩子

10月15日　雷

“妈妈，我可以去听T的演唱会吗？”

“不可以。”我说。孩子摸摸鼻子就走，她知道妈妈不答应的原因。

“妈妈，T是我最爱的一个歌手，我不能去吗？”隔天姐姐又问。

今天，姐姐又来了，“妈妈，这是T的全球演唱会，难得来香港，下一次可能是五年后。我不能去吗？”

“不能。”

“明天同学就要买票了。我真的不能去吗？”孩子可能正在跟同学通 Skype（一种即时通信软件），好朋友都要去，问她是否一起。她走到我的身边，低下身子，没有说拜托，也没说求求你，因为我不让孩子这么说话——说服别人要说理，行就是行，不行就是不行。“求”，从来不是一个说服人的理由。但是她的眼神，已经发出恳求的光芒。

我正在看书，看了她一眼，答案还是“不能”。她不死心，又问了一次“不能”。然后又问一次，我变得不想回答，于是沉默不语。五秒钟过后，在旁边的弟弟用手肘推我，意思很明显，“妈妈，回答啊！”——在我们的家规里，别人问话不回答，不礼貌，大人小孩都适用——于是我勉为其难地再说一次“不可以”。

姐姐失望地走回房间。我听到关门的声音，然后是锁上门的声音。锁上门的动作，表示孩子彻底绝望了。

为什么妈妈不让她去听演唱会呢？

因为她年纪太小？十四岁。

因为时间太晚？看完回到家，要十一点。

因为门票太贵？要两千元台币。

因为我不喜欢她浪费时间在这些事情上？……

都不是。因为她之前就被禁足了。原因是刚发下的期中考成绩单，她的成绩没达到标准。（这个标准是我和她一起订出来的，一点都不严格。）他们三个月才有一次成绩单，上次的也没到标准，已经被禁足了三个月，这次的又没达标，所以必须再禁足三个月。

她是不是好孩子？是。她是不是乖孩子？是。可是我说，“你既然设定目标要读一流大学，妈妈就要助你一臂之力。”如果我不管你，只是眼睁睁地看你浪费大好时光，那就是我失职。

姐姐负气离开后，我继续看我的书，但弟弟说话了：“妈妈，我觉得你不知道怎么教孩子。”

“怎么说？”我洗耳恭听。

“你应该有点例外，或是叫她自己出钱买门票……”弟弟很认真地说了好多“怎么教孩子”的意见。我只回了一句：“前三个月的禁足，就是例外太多，一下子我生日，一下子她生日，明明说好几点要回家，却总是迟到……”

我问弟弟：“你觉得她有用功吗？我给她例外出去玩，回家后还是偷偷跟同学上 Skype 聊天，你觉得她之前的例外不够多吗？……”

“哎呀，之前好多事，我也觉得你不该答应她，但是今天这件事对她来说真的很重要，才算例外。”弟弟说。

“哈哈，你根本就是心软。我之前也是因为心软。不然以后姐姐的事都由你说了算。你敢吗？”教养孩子就是，旁观者总认为很简单，但真要你全权负责时，才知道事情不是这么容易拿捏的。

弟弟此刻的表情是，“对，妈妈你说的有道理，我真的不敢。”可是他还是找到了我的一条罪状：

“可是刚刚姐姐问你话时，你都没看着她，眼睛还盯著书。你应该放下书，好好跟她说。”

“好，这个我承认错了。下次改进。”

弟弟不知道，如果我看着姐姐的眼睛说话，可能无法狠心跟她说“不”。

最后，弟弟语重心长地说："妈妈，你不要管她了，她功课不好，是她自己的事，上不了好大学，也是她自己的事。"他似乎是在替我抱不平了，"你知道吗？你管她这么多，只会让她更恨你而已。"

"没办法，恨，也是要管。"我给了弟弟一个眼神，那眼神里不是无奈，而是笃定——我从来不是一个严格的妈妈，能不管的事，我都尽量放手了。非到不得已，我是不会出手的。

后记

好心的弟弟，跟妈妈讨论了半天，最后我提出的折中办法是：“全家陪她去听演唱会，全家活动，不在禁足范围内。”

“很好，如果她不要，只想跟同学去，就没办法了。”弟弟说，“我现在就去跟姐姐说。”

他迫不及待地要冲进姐姐房间。

我阻止他，说：“等等，明天再说吧。现在她在气头上，你是想去找骂挨吗？”

最后你猜，姐姐要不要去呢？（答案请看 177）

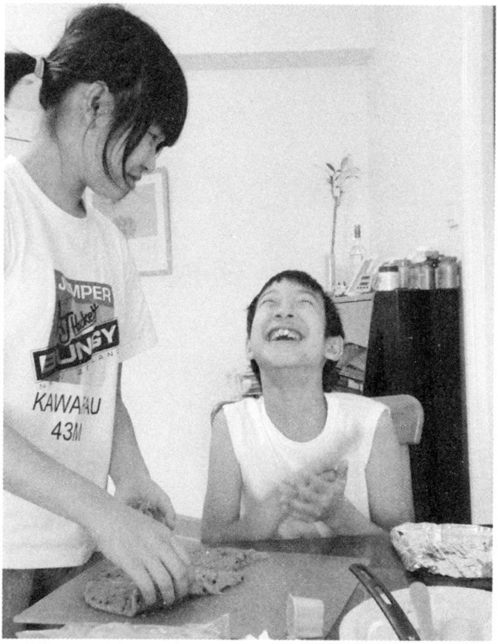

神啊，请赐给姐姐力量。我不想吃太难吃的饼干。

我以为你不再爱我

10 月 17 日　小雨

已经好久了，我觉得你不爱妈妈了。我知道，你没有不爱，但是，从前你爱妈妈的样子全都不见了。

首先，你不再黏着妈妈，不再跟妈妈东家长西家短，不再主动要妈妈亲亲抱抱。你放学后待在房间里的时间越来越长。起先是功课变多的关系，后来即使没有功课，你也习惯在房间里活动。这也没关系，因为你的其他生活起居，都很正常。青少年想要有自己的空间，也可以理解。

其次，你放了更多心思在朋友身上，几乎没有留给家人。最爱你的弟弟抱怨过很多次，我也只能安慰弟弟，“长大了就是这样，我们不能强迫她做她没有兴趣的事。”然后，朋友多，随之而来的是问题也多。我没有说这些问题都不该发生，但它却常常让你的脸色很难看。虽然你难看的表情不是针对我们，但我们却是第一线的受害者。

即使你不再像小时候那样爱我，或是说，你已经大了，重心不再是父母和家人，我都可以接受。亲子间的感情，不见得会越来越淡，但是会越来越远，这是每个父母都要有的心理准备。没法接受这个事实的父母，最后只会带给自己和孩子更多的苦痛。

“牙痛不是病，痛起来真要命”。我活到不惑之年，连一次牙痛也没经历过。是我的牙齿很健康吗？不是。牙医师说我的牙齿比我的年龄大了二十岁。也就是说，我的牙齿是我身体里最弱的部位。

因为牙周问题，我固定每年洗三次牙。上次洗完后，就觉得右上边有一个部位怪怪的，吃东西总感觉很酸。没理它，因为我固定看牙医，从不缺席。可能只是牙齿脆弱敏感吧？昨天晚上睡前，事情就这样发生了——

十一点，我刷好牙后，牙齿开始隐隐作痛，然后是越来越痛，最后是明目张胆、敲锣打鼓地痛。爸爸叫我去用盐水漱口，看会不会好一点。你知道古代人，只要遇到解决不了的问题，都喜欢找盐巴帮忙。我没有吃止痛药的习惯，只好试试古代的方法。我走进厨房，弄了盐水，漱了口之后，咦——很神奇地，疼痛的感觉消失了。我好高兴地爬回爸爸身边，爸爸也觉得自己是英雄。

可是好景不长，没多久，疼痛的感觉又突然袭来，我只好又爬下床，再用盐水漱口，疼痛又消失了，我又回到床上睡觉。一模一样的戏码，从十一点一直演到深夜一点。爸爸早已呼呼大睡，我也早就搬着枕头、棉被到客房去了——他白天上班很辛苦，我这样进进出出的，会吵到爸爸睡觉。

到了客房，我开始怀疑，牙痛可能跟盐水无关，会不会是牙痛不能躺着睡觉。于是我开始坐起来看书。半夜困得要命，我却得看书，还好正买了林怀民的《高处眼亮》，很激励人心的题材，看看可否激励我对抗牙痛。答案是不行。

最后我发现了这个事实：牙痛跟生孩子的痛是一样的，它会每二十分钟痛一次，一次只会痛一分钟，但是那一分钟锥心刺骨。明明是牙痛，但是它会连脸颊都一起痛，痛到太阳穴。我一个人在客房里呻吟。我知道呻吟没有用，但是好痛啊。

这时已经是凌晨三点。

我看着墙上的时钟，心想，“什么时候白天啊，牙痛会因为白天就不痛吗？”我的牙医在台湾，如果照这样每二十分钟痛一次，即使马上买机票赶回去，等看到牙医时……嗯，我真怀疑我撑得到那个时候。

得出疼痛的频率后，我既不起床去漱口，也不看书培养斗志，我认命了。只要那一分钟一到，我会痛得躺不住，必须坐起来，用手撑着、揉着半边脸，用最大的意志力忍耐着。“天啊，还好是每二十分钟痛一次，一次只有一分钟。”如果是没有停止的痛，人还活得下去吗。

撑过一分钟，不痛了，我就赶快躺下，祈求睡着就好。可是不行，它一点也不肯放过我，即使我真的睡着了，疼痛的感觉也慢慢袭来，正式上场时，我又会痛得从床上坐起来。我从来不知道，人体的机制如此微妙，它知道你受不了一直痛下去，所以用间歇性的方式，维持你愿意活下去的斗志。

清晨五点，姐姐，我听到你起床的声音。你是个令妈妈佩服的孩子，你喜欢写东西，那动机强烈到让你每天准时听闹钟起床，只为了写作。当那一分钟又来袭时，我走到厨房，你正在煎蛋。你知道整晚我所承受的痛苦，对我微微笑，还摸摸我的背，说："等会儿我帮你捶捶背。"

我忍着痛走回房间，很高兴你关心我——难怪有些小孩喜欢生病，因为忙碌的父母，只会在孩子生病的时候，才知道要关心孩子。

吃完早点，你来看我，抱抱我，这时疼痛正好发作。此刻，任何人的安慰都显得多余，静静挨过那一分钟，就是最好的方法。我终于明白：人生，有些苦痛，别人是帮不了的。除了勇敢地撑过去，别无他法。

我赶你走，因为我痛得无法接受安慰。你又给了我一个拥抱，还说等会儿再来看我。

我早就知道，你还是爱我的。

后记

这样的疼痛，都没有消失，直到早上八点钟，那是姐姐和弟弟出门上学的时间。我每天都会陪他们下楼等校车，那天他们独自出门了。当他们来房间跟我说再见后，我就慢慢地进入了梦乡，一直睡到十一点，中间一次疼痛也没再发作。难不成，牙痛跟看到小孩就头痛的父母，病因是一样的。

翡翠拉面小笼包

10 月 17 日　秋老虎

“翡翠拉面小笼包”，是我们移居香港后最常去的餐厅。不要怀疑，那七个字就是店名。为什么喜欢？第一，它价格公道。香港很多有名的餐厅，如果你指定要坐在餐厅的哪几个位置，有最低消费金额的。因为那几个位置的风景绝佳，一桌不管你坐几个人，最低消费可能是港币两千元起。坐隔壁桌风景有差这么多吗？可能坐什么桌子吃饭，还顺带显示了你的身份地位和排场。

第二，因为它的食物简单，不弄花样，拉面和小笼包是特色，所以我们每次去，点得都是那几样东西。但是吃不腻。

不过，高峰时间在香港吃饭，没有一家餐厅是不用排队三十分钟以上的。移居香港四年后，我和先生总结出了一条吃饭不用排队的经验：中午十一点半到餐厅，下午五点半到，最晚不能超过中午十二点和晚上六点，通常不需要排队。因为香港人习惯中午一点吃午餐、晚上七点吃晚餐。

今天是星期六，下午我跟先生去看浪漫喜剧片。当姐姐十二岁时，我利用书名《父母的保存期限，只有十年》预测孩子大约到十五岁，就不理睬父母了。虽然，当时姐姐还是跟前跟后的小女生，但也已看出快要长大、快要脱离妈妈的模样，我总觉得，这样的日子，还能撑个三年吧。后来，我还是错了，姐姐从十三岁半开始，就不跟爸妈外出吃饭了。她不是不喜欢爸妈，也不是不喜欢到餐厅吃饭；今天如果是朋友邀请她，到荒郊野地啃馒头她也会跑得比谁都快。

弟弟呢？也不跟爸妈了。原因跟姐姐不一样。十一岁的弟弟，父母对他的保存期限还没到，但是姐姐不跟父母了，他也完全不想跟我们出门了。

这就是做父母矛盾的地方，孩子还小时，你巴不得可以找个地洞躲起来，不让孩子找到。等孩子不找你时，你又难过了。今天看完电影，下午四点多，我明明知道姐姐弟弟要跟我们吃晚饭的概率很小，还是打了电话回家。姐姐的答案是：功课好多做不完。所以弟弟也不用问了。

到“翡翠拉面小笼包”时，才五点半，果然，门口没人排队（但餐厅几乎满座，只是没满到要排队而已），我和先生坐定，几乎不用看菜单就可点餐。先生先送了一个餐前笑话给我：

“朋友不是送我一台 iPad 吗？”

对啊，从头到尾，我只看你拿它来看照片而已。

“前天我拜访一个客人时，他也有一台，但我怎么觉得，他的跟我的好像完全不一样。”

“iPad 有出不同型号吗？”

“不是。他的功能好多呀，除了看照片，还可以看‘商业周刊’，又可以上网……”我笑了，根本是同一台，只是你不会用。

“我说要跟客户学怎么用，客户就跟我说，很简单，你就把 iPad 丢给你儿子，保证不用一个礼拜，什么功能你问他就好了。”

先生还没接下去说，自己就先笑了：“哎呀，那就犯了我老婆的大忌啊，她最讨厌孩子使用电子产品了，给我儿子，那我也不必活了，干脆直接带 iPad 跳进河里，还比较省事。”

很好，知道就好，“你帮姐姐买手机的事，这笔账我还没跟你算清楚呢。”

手机带了没?

不要给小孩买手机

11 月 1 日　雷雨

不是手机不好，而是，小学年纪的孩子，为什么需要手机？生活，越单纯越好，不要没事把自己弄得心慌慌的。

小孩，早上去上学，下午放学回家，如果是父母接送，约好地点，根本不需要手机。万一在学校有事要联络呢？用学校的公用电话就好，也让孩子养成习惯：离开父母的视线后，就要为自己负责，鸡毛蒜皮的小事不要找父母报告。所以呢，我实在想不出来，小学生为什么需要手机。

你以为孩子有了手机你就可以掌握他的行踪，你就可以比较安心吗？我说，父母如果想要安自己的心，必须从自我修炼做起。孩子安不安全，与跟你报告他的行踪，一点关系也没有。他如果是安全的，不管你知不知道，他都是安全的；如果不安全呢？通常也都要等到出事了，你才会知道。父母无法靠手机事先预防。

曾经有位朋友很兴奋地告诉我："我孩子的小学，服务真周到，孩子只要一放学离开学校，学校的简讯就会传到我的手机上，通知我。"如果这是我孩子的学校，我会主动跟学校说："我不需要知道这种信息。"朋友很惊讶我的"豁达"。我说："孩子放学就是回家，如果有别的事，我不是早已经知道了，就是我不需要知道。每天传这种简讯给我，对人生是一种打扰。"

再换个角度想，如果你是古代的娘，生了十个八个孩子，每天来十通八通简讯，老大在庙口打架、老二在池塘游泳、老三抓着隔壁班女生的辫子不放……你会不会疯掉？"不知道"，常常就代表没事。

你不放心你的孩子吗？如果你随时都要掌握孩子的行踪才能安心的话，那我看你力气是花错了方向。多花时间跟孩子聊天沟通，才是父母可以安心的最大来源。

我问先生，你最初买手机给姐姐的用意是什么？

“因为孩子有事可以随时找得到你。”

可是两年过去了，“你收过孩子几通有实质意义的电话？”

“好，即使电话没什么大用处，可是让孩子有，也没什么不好啊？”先生说。

我要说的是，“非必要的电子产品，越晚给孩子越好”。因为我有预测孩子未来发展的神力——当初姐姐拿到电话时，什么事情都还没发生，我就知道大事不妙了。

一开始，姐姐渴望拿到手机的原因很简单，因为同学都有。但是她使用的机会很少，因为年纪不到，有什么电话好打呢。后来，她会开始用手机跟同学聊天，“亲爱的爸爸，这是你所希望看到的吗？”

“姐姐，电话不要讲太久。”我用提醒的方式，孩子都能接受。她有几次还主动问我，我的电话费会不会太贵，我需要自己出钱吗？“不用。”只要是合理范围，电话费不是父母最大的考虑。

父母最担心的是，孩子花了多少时间在“讲电话”这件事情上。

不久前，姐姐开始传简讯了。我又提醒她：朋友传给你的简讯是什么内容？如果你习惯响应这些无聊且无用的信息，就会慢慢吸引越来越多这样的信息。因为你会回应，别人才会传给你。

最近，姐姐做功课的时候，手机就离课本十厘米，如果有任何动静，她才不会漏接。——亲爱的先生啊，如果当初你知道有这种结果，还会主动买手机给孩子吗？

“这不是手机的问题，这是孩子的管理问题。”先生说。

我当然知道手机没问题，我也不想世界各地的手机大厂来追杀我。可是，这么有诱惑力的东西，你何苦早早给孩子呢？做父母的，不能尽量拖延时间吗？

如果今天不是我关心孩子，忙碌的爸爸，等你发现这些问题，会不会都太迟了？手机本身没有问题，但是这类电子产品，对于孩子来说，又不是必需品，为什么这么急切地希望孩子拥有呢？

我还没提手机上的电玩呢。一大清早的捷运上，背着书包的初中生、高中生，眼睛盯着小屏幕，手指快速地按——请看看他们的脸庞——一大清早啊，我真不忍目睹这样长大的孩子。

什么时候让孩子有手机最好呢？他们可以用自己的钱、买自己的手机、付自己的电话账单的时候。如果孩子偶尔外出，遇上“没有手机会死”的情况呢？

“来，妈妈的手机借你，回家后，记得还给我。”

小孩需要网络吗

11 月 2 日　八号风球

大约小学六年级开始，姐姐身边的同学开始使用计算机上的各种沟通工具：Msn、Skype、Blog（即博客）等。

孩子原本没这个习惯，但是当大家都在使用时，孩子很难靠自己的意志阻挡这股潮流。起初我并不在意，因为孩子也没着迷，但是父母不可以等“孩子已经着迷、没有就跟你要死要活”的时候，才有所动作。那时候，对孩子和父母来说，都是困扰。

一开始，姐姐问我可不可以有自己的脸书（注：Facebook，社交软件），要我帮忙她注册。我直截了当地问她，“你为什么要？”同学有我也要，是说服不了妈妈的。

“妈妈，你自己不是也有部落格（注：blog，即“博客”）吗？”我的部落格，是我的工作。“今天妈妈不是因为工作，我是不会花时间在这上面的。”你知道维护一个部落格需要花多少时间吗？这还不包括你会经常去参观别人的。

“妈妈几乎不花时间在网上闲逛。”因为我不是没事做，我的大好人生，怎么可以花在“网上闲逛”呢。如果我真有闲暇，拿本书来看，也比在网上闲逛更能得到心灵的满足和快乐。

后来姐姐开始写作了。一段时间后，她又说想将文章放上网跟同学分享。与人分享，是人生的乐趣之一，我没理由再阻止。但我还是拖拉了三个月，才终于说好。

刚开始，姐姐很兴奋，剪剪贴贴自己的文章和照片，没事就往脸书上放。然后，妈妈发现不对了：怎么现在的孩子，好像整天没事就挂在网上——贴评语，问你好、写心情小语，加你当朋友、不让你当朋友……天啊！这些事没有一点营养。大好青春，怎可这样随意浪费。偶一为之，也罢，但这些孩子是三餐加点心和夜宵，你随时找人，随时有人奉陪。多可怕的习惯。

于是我找姐姐讨论。可然而知，她不可能同意我的看法，火爆场面每讨论一次就上场一次。但是我不可能因为孩子敢跟我吵，我就退缩。我不是拿不可商量的权威来压你，是好好跟你说我的看法，我当然可以经常找你“讨论事情”。

我从不检查孩子跟同学聊天的内容是什么，但是用膝盖都就知道答案。有一天，我俩又为了该花多少时间在网络上，争执了起来。我气不过，说：“你们每天上网聊天的内容，还有大家你来我往的对话，是不是百分之八十都是无用的内容，一点意义也没有？”

“百分之九十。”姐姐的回答，让我惊讶。我惊讶的不是比例这么高，其实我还想说百分之百呢。她明明知道妈妈不喜欢她做这些事，竟然还愿意站在我这边，自动暴露自己的弱点，酷。

“青春年少，分分秒秒都是黄金时间。妈妈宁愿你跟朋友出去玩、去看电影、去烤肉、去打打闹闹……也不想让时间在这上面流逝。”我把自己能想到的道理，都好好地说给姐姐听。其实不是“好好”，那场面大概就是：两个人，说话都很大声，你来我往，各自坚持自己的立场，各自为自己的理念争论。还好，最后两人的脸色虽然都不太好看，但每次都能达成共识。妈妈就是用这种“永不放弃”的态度慢慢让孩子让步的。

“我希望我写的文章、小说，可以放上去让朋友来看。”姐姐意思就是说，除了放文章，我不回应、不贴照片、不去闲逛。我说，很好，脸书不是设计给人放文章的，部落格才是。然后经过我三番两次的催促，她终于问到英国的某部落格，并在上面注册了自己的账号，后来渐渐脱离了脸书。

这些网上的沟通工具，跟手机一样，它本身没有不好。它是21世纪最伟大的发明，孩子也不是不能使用这些沟通工具。但是，年少青春大好时光，如果任由孩子沉迷在这些虚无的世界里，是好事吗?

沟通，不是跟人闲谈。交朋友，也不是算脸书上有没有五百个联络对象。真正的沟通和交朋友，是跟志同道合的人一起谈天说地。那常常都是一辈子的事。

以下是姐姐自己发现的事实：“妈妈，我们平常在网络上，有很多朋友。但是，不管你在网上有多少个朋友，到了学校，你真正见面会说话的，不到五个。其他的，即使你知道他就是网上的某某，但擦肩而过，甚至连招呼都不会打。”

这就是现在孩子的盲点。当我听到有父母很自豪地说：

“这个孩子小小年纪，网上就有几千个朋友。”我都会替这样的孩子捏把冷汗。真正的人生，不需要五千个朋友。真正的好友，五个可能都太奢侈。

小孩需要网络吗？放心吧，没有上网习惯的孩子，童年绝对不会失色。

九十八个人，盯着屏幕

11 月 3 日　暴风雨

我常跟孩子解释，为什么我不喜欢他们使用计算机。一开始，他们眼里看到的是别人都有的电玩。至于网上五花八门的沟通工具，那是之后的事。

“因为对眼睛不好，容易近视。”所以弟弟会在使用计算机后，对着墙壁丢网球。因此，还意外地训练了他的反应能力——他可以单手丢接，可以连续快速丢接……球类运动对眼睛很好，因为球会快速移动，你的眼球也得跟着移动，所以也是很好的眼睛运动。

孩子近视，是我们都不愿看到的。现在的孩子，配上拥挤的城市环境，再配上竞争的课业，想不近视，很难。我心里的盘算是：同样让孩子玩一小时的电玩，和让孩子出门做一小时的运动，应该不会有父母选择前者，对吗。

但是当你在家里放了电玩，孩子还会心甘情愿地跟你去运动吗？

试想，当一个孩子无所事事地晃到客厅——计算机里有电玩，书架上有书——如果你让孩子自由选择，或是说得好听一点，“你让孩子对自己负责”，有多少孩子可以为自己做出最好的选择。

有一个朋友烦恼地告诉我说：“我跟孩子约法三章，该做的事情做好后，每天可以玩三十分钟的电玩。可是他总是玩到超过时间，甚至偷玩，一点自制力也没有。”父母有时候高估了孩子的自制力。对于这种容易沉迷的游戏，我不相信孩子可以自制。请问，你自己可以吗？

我对孩子说：小学、初中、高中阶段，时间只能尽情地浪费在两件事情上——读书和玩乐。把书读好，你要玩乐我都不反对，但不包括跟计算机有关的。偶一为之没关系，如果你常常会忍不住去开计算机打电玩，在妈妈的眼里就是不行。长时间对着一台机器，对身体和心理的健康都没有好处。

你看我道理好像说得很轻松，孩子到底有没有听进去，我不知道。孩子是否会心甘情愿地接受我的说法，我也不知道。一个星期五的午后，我带着姐姐去沙田看牙医，回程的地铁车厢里，姐姐突然说："妈妈，我正在算车厢里有几个人在盯着屏幕看。"姐姐发起这样的观察，我也马上追随孩子的想法，抬头搜索着车厢里的人们。"五分钟前，还没进车厢，在月台上，我已经开始算了，三十八个。"姐姐说。

"不管是在看手机、打电玩，还是玩 iPad。看书的不算。"姐姐补充说明游戏规则。于是，我也加入姐姐的行列，开始四下寻找目标。

不必找了，因为来不及计算。左边那个穿绿衣服的，前面靠门边的小姐，后面穿条纹上衣的男生，站着眯眼的，坐着低头的……多得不得了。到站下车后，移动的人潮里，也全是低头看屏幕的人。我们俩同心协力地将数字一直往上加，甚至连身边正在启动的列车也不放过。

"妈妈，移动的车厢里，我又看到了三个。"

我们一路前行，走进了商场，前后不到十分钟，总共数到了九十八个人——这就是这个世代的人们。

晚上睡前，我准备给先生“洗脑”，因为他最近说我有“电子恐惧症”，我没有辩白。观念不同，多说无益。我告诉他白天和姐姐在地铁数的数字，我说：“这就是我不希望孩子养成的生活习惯，一有闲暇就忙着找屏幕看。好像没有屏幕，就不知道该怎么活下去了。”

我宁愿孩子瞪着树木发呆，宁愿孩子将脑袋放空，做白日梦也好，也好过他们青春的脸蛋离屏幕越来越近、越来越近……

后记

这是弟弟说的笑话：“妈妈，今天人文课教到‘秘密’这个主题，老师说，如果有秘密，可以说给自己最信任的人听。”然后有个同学说：“那我要说给计算机听，因为计算机是我最信任的人。”还没等听笑话的人开始笑，弟弟一说完，就自己笑得前仰后合。

我的孩子就是爱电子产品，怎么办

11 月 4 日　雨

好友非常烦恼，怕孩子沉迷于电子产品。最初，进入小学高年级的儿子，先是开始“窥视”别人的手机，一抓住机会便跟身边熟识的大人要手机，因为手机上有电玩可玩。我家姐姐和弟弟不会跟别人要手机，但会跟爸爸要。可是我才是家里的“教育部长”，所以爸爸会看“教育部长”的脸色行事。

这些吸引人的电玩，其实还好对付，家里不买，孩子接触得少，问题就不大。可是等孩子的学校功课，到了需要上网查数据时，大概小学六年级时，好友的忧虑又开始了。

“我很信任孩子没错。孩子也了解妈妈不希望他使用这些网上沟通工具的理由。但是，你会经常看到，孩子利用上网查数据做功课的机会，流连在网上闲逛。”好友想管束孩子，却又不知该如何下手，难过得快得忧郁症了。

不幸地，我们家姐姐也需要上网查数据，也需要跟同学讨论功课。可是，你会发现一件事：“父母对孩子的信任”敌不过“网络对孩子的诱惑”。

当孩子开始对计算机有兴趣时，我把计算机放在家里的公用区域。因为不论孩子用计算机做什么，也不论孩子使用了多久，父母都容易管理。可是，姐姐一上了初中，马上抗议这样的安排。她的说法是：我做功课需要全然的安静。

“好，姐姐，你在你的房间里使用计算机没问题。但是计算机的方向，必须是妈妈开门进来就可以看到屏幕的角度。”

“没问题。”答得信誓旦旦。好像我要监视她，是我用小人之心度君子之腹似的。但是啊，谁是小人，谁是君子，不到最后关头，很难说的。

一开始，我是真的信任她。所以一整天，甚至好几天，我不会刻意去开她的房门，去看她是不是在做“妈妈不允许的事”。

但是后来，我发现事情有蹊跷了。我已经这么少去开房门了，有时候我只是要进她的房间找东西，或是跟她说一件什么事。

“姐姐，你在做什么？”你只需要看一眼屏幕，孩子是在做功课还是在跟人通话，非常好辨识。“我在跟同学讨论功课。”

好，一次、两次我相信你。其实我只要一个动作，就知道你说的是真是假，因为网上的工具都有记录，只要将刚刚双方打字的对话看上两行，是不是跟功课有关，答案马上揭晓。可是，我一眼也没看——我明白地让孩子知道，妈妈的原则就是信任你。但是当我开始不信任你的时候，你也得乖乖接受不被信任的后果。

大概过了半年，刚好她连续两次的成绩都不理想，我虽然对成绩没有半句话，她也答应要花更多时间在功课上，但是做妈妈的直觉告诉我：你该收回孩子上网的自由了。

我直截了当地找姐姐谈：“你这样一边做功课，一边有这么多外来的打扰，你的功课是好不起来的。”

“妈妈一点都不反对你玩乐。”姐姐非常喜欢跟同学出去玩。“妈妈也很赞成你多交朋友，但是当你回到书桌的时候，就要专心。”

星期六已经跟朋友玩一天了，等星期天要专心读书的时候，明明已经坐在书桌前，却任由自己被“外务”打扰。

什么样的“外务”？同学传来的电邮、计算机上的脸书、手机传来的简讯……随时有信息在眼前跳动，请问你要怎么专心做功课？

一个月前，我才给她做一个新规定：放学进家门后，手机直接交给妈妈。真有需要，来跟妈妈申请使用，使用完毕立即归还。她答应了。如果随时要应付同学传来的简讯，这样能把书读好，简直是天方夜谭。

这次我又给了姐姐做另一个规定：计算机上任何电子信息，一律关闭。如果需要跟同学讨论功课，也是比照手机，来跟妈妈申请，用完立刻关闭。你不打开 Skype，即使有十个人在线找你，你也不会知道。

可是，她很喜欢跟同学通过视讯聊天说笑，看她这么快乐，我也不好完全剥夺，“每天做完功课后，你可以使用它十分钟。”

“什么？只有十分钟。”姐姐用臭脸抗议。

“等你功课到达标准后，我们再来讨论怎么增加。”我的立场很硬，“而且，你不需要天天使用，你可以累积三天使用一次，那就有三十分钟了。”不要说我小气，她放学后有课外活动，回家后要写功课，每天还要早起写作，小小年纪，近来是每天十二点睡觉，早上四点半起床。最重要的睡眠都牺牲了，还有什么理由花时间在聊天这种事情上面。

好友后来听说我只给女儿十分钟的上网时间，直呼自己疯了，她竟然给儿子每天一小时的上网闲逛时间。她没有疯，上网的时间不是以一般时间的速度进行的。上网一小时根本不算什么，有人是一整天都挂在上面，几乎寸步不离计算机。可是，我明白地跟姐姐说——

初中三年、高中三年，是人生最重要的黄金时期。尤其高中三年，可能决定你的人生往方向。这个阶段浪费的时间，将来花十倍的努力可能都补不回来。不让你花时间在网上，不代表我不让你花时间做白日梦。多做一些白日梦，多出门去跟人做实际的接触，多看书，多看山看水，都可以累积未来找出自己兴趣的能量。

如果你的孩子喜欢这些网络的沟通工具，父母除了要给予时间的限制，还要多花心思跟孩子聊天、谈心。处于电子世代的孩子，真有办法逃离虚拟的世界吗？你，绝对可以助他们一臂之力。你要相信自己。

偷偷打开呢

11 月 5 日　闪电

给孩子规定，说起来好像很轻松，万一孩子还是偷偷不遵守呢？孩子超过一定的年纪，父母不可能二十四小时监视他们。监视？那你可能误会我了，我从来不监视孩子。因为我知道那样“治标不治本”。而且从人性来看：你既然监视我，其实就代表我可以做坏事了。因为你早有心理准备我会做坏事。

所以我不监视孩子。我信任孩子。

当弟弟知道“姐姐一天只能跟同学上网聊天十分钟”时，他对我的质疑是：“她偷偷打开，你能怎样？”

对于孩子，我只做两件事：我信任你，不然，我就是理直气壮地管理你。

有些父母会被“信任”这两个字迷惑。好像“信任孩子”是每个好爸妈必备的特质，最后却被这两字“绑死”。心里明明想管理孩子还不成熟的生活习惯，却绑手绑脚了起来。

“这样做，孩子会不会恨我？”“这样做，孩子会不会不喜欢我？”

好友心里明明不想给孩子一小时的上网闲逛时间，我跟好友说，你千万不要怕，心里有疑问就大胆地去跟孩子讨论，直到双方达成共识。明明心里不想给孩子一小时的上网时间，当初就不应该给，不可以因为怕孩子抗议“为什么别的同学都可以”而妥协。

所以，当我直截了当给姐姐定规矩时，就是我要拿回她的自由的时候了。一天只有十分钟可以使用网络聊天，可是，我给了姐姐一个“缓冲”：

“姐姐，你有两次机会。如果你被妈妈发现不遵守规定，第二次，我会将你的网络聊天工具从计算机上移除。”也就是说，你的计算机再也没有人可以随时发送信息给你了。“你要讨论功课，没问题，我的计算机借你，用完后还给我。”

所以，我还是不会监视你，我还是要继续信任你。

为什么我要给你两次机会？第一，因为这是个不容易改变的习惯，我愿意给你多一次机会。第二，我根本不想将 Skype 从你的计算机上移除。这个东西没有不好，是你自己需要知道使用的界限在哪里。

“那我每天做完功课要用这十分钟时，要来跟你报告。”姐姐想要确认规则细节。

“不需要。”每天来跟我报告这种小事，是想害妈妈多几条皱纹吗。“这里有一个本子，你要开始使用时，自己拿本子登记时间，这样就好。”我说了，我还要继续信任你。这时孩子就必须自己斟酌了——“我只有两次机会，妈妈是个说到做到的人，能否保留我最爱的东西在计算机上，就是我自己的责任了。”

姐姐进家门时，手机已经交给妈妈了。然后，做功课时，除了不能开 Skype，当然也不可以开部落格不可以开 Email。

说得简单一些，我将孩子做功课时的环境，打造成跟我自己小时候的一样，除了功课什么都没有。这是父母能做到的事，也是父母可以助孩子一臂之力的事。

功课多还要更多

11月6日　冷

孩子读的是香港国际学校，小学阶段，功课不多。我几乎没看过弟弟写回家作业。功课不多，不代表孩子没学习，这是西方教育的思维。东方父母很难适应。不信问问你孩子的小学老师就知道：家长抱怨功课太少的声音，是不是永远不会消失？老师为了让自己耳根清净，得练就一身“出作业”的本领：千万不能让父母觉得学生在家没事做的情形出现。

你以为只有台湾的家长会见不得“小孩没功课”吗？

两年前，有天小学六年级的姐姐放学回家后说：“今天我和几个同学被老师叫到教室外面。一开始我有点害怕，不知道发生了什么事。结果老师认为我们几个平常上课很认真，想知道我们每天花多少时间写家庭作业。”

“问这个做什么？”姐姐每天平均花四十分钟做功课，我觉得差不多，不希望再增加了。

姐姐说：“有家长到学校说，他们的孩子每天都没什么功课，不合理。要求学校增加功课。学校想知道这是不是真的？”

“天啊，”这绝对不是欧美父母的声音，我对孩子大喊：“你要不要我写封信给学校，现在的情况很好。我一点都不觉得你们的功课太少。”我很怕少数人破坏了我孩子的童年。

孩子每天下午四点钟到家，吃吃点心，聊聊天，休息一下，大约五点了。做完功课刚好吃晚饭。晚饭后，可以看书、玩玩具、跟家人出去散步，或是什么也不做地休息。最后洗澡刷牙，九点半之前上床。这样的安排，已经非常紧凑了。如果增加孩子做功课的时间，势必会剥夺孩子的家庭生活孩子的童年不是只有学习。看书、玩乐、做自己有兴趣的事比做功课还重要。至少是跟做功课一样重要。

另外。孩子在学校一整天，这么多课程和学习，很费力气的。学校不是游乐园，即使是体育课、音乐课，也是有学习进度的。一堂课接着一堂课，中间的休息又少。如果孩子每堂课都很专心，下课后还要继续写一大堆功课，这样的生活方向，对吗？

小学阶段，在学校好好学习，回家就是休息和玩耍的时间了，根本不需要太多功课。但是父母对功课的胃口似乎毫无止境。

健全的人格、好的生活习惯和对阅读的兴趣，才是孩子小学阶段的重点。这些都需要充足的时间来培养。多写功课，对小孩的未来不一定有好处。还有父母不靠老师，他们自己就是老师，会自动帮孩子加功课。坊间的测验卷卖得这么好，不是没有原因的。

如果你发现孩子做的测验卷越多，功课就越好；父母花的力气越多，孩子的成绩就越高。不用高兴得太早——这样的成绩，多是假象。因为靠父母使力而出现在孩子身上的“成就”，将来很难在孩子出了学校、进入社会后，直接转化为他的工作能力。五育并重，不是口号。

小孩功课不必多，但上了初中之后要多花时间在学校的课业上，因为童年已经过了。而且，学校的课业，也随着孩子的年龄的增长而越来越难、越来越多。青少年阶段，是进入成年社会的先修班，身体和心理也更加强壮，多花时间在“工作”上，是理所应当的事。

两年后，现在的姐姐初二了。每次有亲戚朋友问及姐姐的课业，这个问题一定会出现："国际学校的功课很少吧？"错，一点也不少。姐姐每天平均要花两到三小时在功课上。而且他们的功课，很少是"多背、多算"就可以了事的，每一样功课都是报告、分析、检讨，包括数学。

举个数学考题让你感受一下：如果你在宠物店工作，老板要你排宠物罐头，最下面一层是五个，依序往上四、三、二、一，这样总共有几个？当然，扳手指头都算得出来。可是题目却是，如果最下面是两百个的时候，请问总共有几个？

"上底加下底，乘以高，除以二。"当我跟先生提到这件事时，他好像怕我不知道他是数学天才似的，马上抢答。

你答对了。但你只得了五十分。另外五十分，题目要你回答，你是怎么算出来的。如果这时候，你只将公式写出来，那么对不起，这部分你只能拿零分。你得用文字清楚地解释，你的公式是用什么思维推算出来的。——西方的教育思维：不要你背公式，要你知道公式怎么来的。因为人类之所以能上太空，是没有公式可循的。进入初二的姐姐，每一个科目都是这样，很不轻松。妈妈只能默默祝福她。

不可讳言，这是一个竞争的时代。但是，什么时候该让孩子开始竞争，请抓准时机。先跑的，不一定会赢。孩子的童年，该是人生最无忧无虑的时候，请不要用你的“望子成龙”埋葬了它。

P.136 解答：

不要。对青少年来说，跟父母去听演唱会，还不如杀了他们算了。

我们的感情如何

11月8日　晴

姐姐的功课从没有名列前茅过。我小时候的成绩，除了品学兼优，还是品学兼优。这样的妈妈，配上这样的女儿，挺奇怪的，但我一点也不焦虑。

通常，优秀的父母，如医生、教授，更害怕自己的小孩成绩不好、不爱读书。因为别人的眼光——“你这么好，怎么生出这种孩子”——会让父母抬不起头来。我称不上优秀，大学读私立的，留学读的不是名校，但是小孩成绩不理想，父母应该还是会害怕啊？

孩子的小学阶段，我根本是放牛吃草。你看吧，我就说要从小严格，现在功课不好，来不及了吧。且慢，所谓放牛吃草，不是说你可以功课不写、上课不专心，在学校闯祸、伤人之类的；而是你只要能过得了老师那关，我也不会对你有过多的干涉。我准备让孩子有一个轻松愉快的小学生活。那份轻松自在的童年生活，才是将来人生遇上大风大浪时最坚固的堡垒。

听一个初中生说，因为功课太多而有“不想活”的念头。或许他是随便乱说的，可是我不知道该怎么反驳。他说，往前想，童年没什么乐趣可言；往后看，自己的父母如此辛苦地工作，也看不到他们有为自己活过——那，我的人生乐趣在哪里?

你得先让孩子活得有滋味，觉得生活有乐趣，他们才有为自己努力的动力。父母老是喜欢说将来，不知道把握现在的人，也不会知道将来要怎么让人生活得更有滋味。

话说姐姐功课不好，我为什么不担心?因为她不是不想读书，而是外务太多，时间分配不均，还有不知道如何善用时间；但其实，小小年纪，她已经找到了她的兴趣。这是很多人穷其一生都实现不了的目标，我为什么为替她担心呢。

不要担心，却可以关心。所以我会经常跟她讲分配时间的方法。我说归说，你实不实行，是你的事。如果你不认同，那也是你自己的选择。但是，我会逮到机会就说。今天就是机会了——

今天是学校的三方座谈日，哪三方呢？老师、学生和家长。只要你有兴趣，你可以安排跟孩子的任何一个科目的老师，三个人，坐下来谈一谈。但是只有十分钟。照理说，多数父母不会放弃这样的机会。可是姐姐进入这所学校已经四年了，我们却是第一次参加。除非学生成绩低于平均成绩两成，不然不强迫你参加。可见我是多懒得管孩子功课的妈妈。这次的成绩单，姐姐有两科低于平均值一成，姐姐自动说要参加，妈妈不得不配合。

更稀奇的是，成绩单已经出来一个星期了，姐姐一直都没给我看过。她认为成绩太糟糕，而且我也没追着要看，孩子当然装鸵鸟啰。

“姐姐，这科你得几分？”进教室见老师前，才听到我大喊：

“什么，你拿这种成绩啊。”原来我才是鸵鸟妈妈。

我们在学校各个楼层穿梭于各个老师间，我的脸色不太好，也就是笑不出来。姐姐惊讶地瞪着我的脸瞧，好像是说，

“有必要这么臭吗？”不然呢，装笑脸吗？孩子成绩不好，妈妈脸臭很正常。

当我们在教室坐下来跟老师谈话时，我看到了姐姐认真、虔诚的态度——专心听老师分析她的学习盲点和可以改进的地方。妈妈的心里也只能默默祝福。最后一堂的教室外，等待的时间比较久，我又语重心长、苦口婆心地再说了一次她最近的问题：

“妈妈一点也不反对你交朋友，也喜欢你跟朋友出去看电影、聊天。但是，当你回到家，必须将心思完全转回功课上。你要做个‘会玩又会读书’的人，如果两者不能兼顾，当然要以读书为第一优先。为什么？因为你一辈子都可以玩，但是无后顾之忧地读书、学习却只有现在，错过了，很难挽回……”

这时候，换成孩子脸色不好了。不是桀骜不驯的那种，而是戚戚然的落寞。全部的会谈结束后，姐姐的心情反而好了起来，因为她发现：来跟老师见面，可以得到把成绩提高的窍门。

最后，我们买了点心和饮料在学校的树荫下休息。我说：“我觉得我们以后都要来找老师谈，即使成绩提高了，也还是可以来；我们也要叫弟弟来，虽然他的成绩还不错——因为通过老师的点醒，你可以将书读得更轻松。”

有时候，孩子成绩不理想，不是头脑不好，不是努力不够，而是读书的方向不对。

聊着聊着，姐姐突然转头问我：“妈妈，我们的感情如何？”

她终于问了。这是很多人一辈子都不敢问父母的问题。进入青少年的姐姐，因为生活越来越多样化，妈妈的规定也随之增多。有时孩子反抗，妈妈坚持；有时妈妈发火，孩子还击；有时孩子不服，妈妈不让——这些过程，双方都不轻松。这些情况也持续将近一年。

当父母管教小小孩时，小小孩会怀疑父母是不是不爱他了；当父母管教大小孩时，大小孩心里也会怀疑。我不知道姐姐开口问这样的问题需不需要勇气。我平平静静地说：

“我们的感情当然很好啊。”

“我是说不管我们吵架的部分。”姐姐似乎还想厘清。

我又说：“我们之间吵来吵去，是因为意见不同。我一点都不认为它会影响我们的感情。我们的感情一直都很好，不是么？”

姐姐点点头，配着腼腆的笑容。她没接话，但我知道她心里想什么——“你说得对，我也这样认为。”

我等你

11 月 9 日　晴

才早上九点钟，就接到姐姐从学校打来的电话，“妈妈，我左边的腰好痛好痛。”

今天早上叫她起床时，她就提到腰有点酸，我还帮她按摩了一会儿。最近她太努力了，睡眠明显不足，又长时间坐着，无论是写功课，还是写作。

“我可以现在回家吗？”她问。

“你快点坐出租车回来。”我说。

小小年纪腰痛，不可以疏忽，会不会是肾有问题？“姐姐，你等会儿不要下出租车，我在楼下等你，我们直接去医院。”我没有“爱担心”的个性，但有些时候不可不谨慎些。

候诊时，她的腰还是继续痛。这时候，妈妈除了肩膀让她靠着，也无能为力。香港的医院，没有人山人海，因为看病的费用不低，保险的给付也不完全，所以没人会没事“逛”医院。

闲来无事，我看向右边，是一对夫妻，爸爸西装笔挺，妈妈妆容无瑕，膝上的小儿无精打采——早上才发现孩子发烧了，赶快送来医院。左边呢，一模一样，只是小男生换成小女生。小小孩生病的脸孔，连黑帮老大看了都会动容。

我的前面是一对年轻情侣，女的生病了，男的陪着来。但是，我不太敢直视他们俩，因为，他们搂得紧不说，两人说话时含情脉脉的眼神，仿佛这里是谈情说爱的公园。我没有批评的意思，感情好，很好啊。不过，我更好奇一件事：他们俩说话时，眼对眼地瞧着对方看，距离不到十厘米。我心里有点不服气了，为什么他们俩说话可以只有十厘米，我跟先生去喝咖啡的时候，他都没靠我这么近。什么情况下，男女说话的距离可以靠这么近呢？

我的胡思乱想被医生打断了。医生看了姐姐后，断言肾没问题，应该是胃痛，但是为了慎重，帮姐姐打了一个“舒缓针”

后，马上给姐姐一个床位，嘱咐一句“先观察一小时，看看情况是否有改善”。姐姐睡了，我抽出姐姐书包里的活页笔记，在医院写起了稿子来……

当我们坐上出租车回家时，姐姐给我看了一眼她手机上的简讯，上面只有三个字：“我等你。”

谁传的？我同学。

那个男生？对。

什么意思？他知道我不舒服回家了，打电话来问候，我来不及说完电话，说等会儿再说，然后他就传来了这个。“哦，一语双关。”姐姐笑得有些不好意思。但是她的心里很甜蜜。才十四岁，将心思放在谈情说爱上，好吗？

我当然不希望这么早，我当然希望时间可以晚一些。但是老实说，当我看到那三个字的时候，我也心动了。

十四岁的我，没有有好感的异性吗？很多人都是有的，但只能往肚子里吞。可惜吗？我觉得有一点。姐姐最近常常跟我说一句话：“你们都错过了最美好的青少年。”她每次这样说时，还会伸出一根食指在我的眼前左右晃动，意思就是，你可以错过，但是我不可以。

我觉得她说得没错。

后记

当天晚饭，姐姐突然问："妈妈，今天在医院，你有没有看到我们前面的那对情侣？"奇怪，你不是胃痛得要死吗？

"你看他们是男女朋友吗？"

"咦，你也有看到，妈妈也在想，不是男女朋友，就是新婚夫妻。不然说话怎么靠得这么近？"但我有另一个发现：西方人说话时，两张脸也靠得很近。不怎么熟识的人，与你说话的距离常常近到让我想退后两步。

"姐姐，你跟'他'说话，也靠这么近吗？"我故意往姐姐的脸上靠，只剩五厘米距离。她一边发笑，一边打我，怎么也不让我靠近。"你可以跟他说话这么近，我就不行。"我又再次贴近，她一边发笑，几乎快发疯了，然后还是一边打我。

“哼，有什么稀奇，等会儿爸爸回来，我就靠这么近跟他说话，他一定很喜欢。”先生进家门了，我付诸行动，结果先生说：

“我有老花眼，这么近无法对焦，你可以退后一点说话吗？”

唉，人到了一定的年龄，什么都不能靠太近，无论是美食，还是美色。年轻时没尝过的，也该死了这条心，才不会给自己找不必要的麻烦。

孩子想整爸爸、推他下去。
“这么容易让你们得逞，
我就不叫爸爸了。”

遛 狗

11 月 10 日　暖和

姐姐和弟弟开始遛狗了。可是，我们家并没有狗。

因为过敏养猫不成，孩子进而将希望转移到狗身上。弟弟很清楚，养猫比较简单，猫也不像狗需要主人这么多关注。此时，父母可以用“太麻烦”当借口，一口回绝孩子。不过，一旦我给了孩子希望，我就不想看到他们失望。

弟弟连续问了好几天，“可不可以养狗？”他的问法小心翼翼，之前“五天不理妈妈”的气焰全收了回去。

“你跟姐姐可以负责遛狗吗？”我先丢出我最大的疑虑。

“可以。”

“连续四年，至少在姐姐上大学前，总共有四年。”

“而且，SPCA 的工作人员说，如果对狗好，每天早晚要各遛一次，你们可以吗？”

“姐姐说她可以负责早上，上学前去。我负责下午，放学后去。”

“好，那你们先遛狗，可以连续遛一个月，再说。”

“可是我们家没有狗？”

“没有可以假装有。”姐弟俩苦笑了起来。这个妈妈，真是拿她没办法。

这是我的缓兵之计。我说连续一个月，缺一天不可，只要缺了，就得从头算起。先生说我好狠。光是哪一天开始，就拖延了三个星期。当初姐弟俩信誓旦旦，姐姐已经不是小孩了，也已经进入“朋友的顺位在家人前面”的阶段。她虽然也想养只狗，但动机却只有弟弟的一半。

然后，她又要负责早上的时段。你可以每天早上去遛狗三十分钟吗？我自己想到都觉得头皮发麻。好不容易，真的开始了，但只遛了三天，姐姐的闹钟没设好，起晚了。哦哦，又得从头开始。然后，又遛了三天，刚好全家要回台湾，又中断了……

“妈妈，今天我在遛狗时，手机突然响了，”姐姐一边吃早餐一边说，“是爱德华打电话给我。”此君是同小区不同校的朋友，“他问我一大早在小区外面走路做什么”，“我说我在遛狗啊。”

哪里有狗？“我遛的是隐形狗，我妈说……”

我的名声，在孩子的同学心里一定很差。大概跟吃小孩手指的虎姑婆相去不远。

从台湾回来后，孩子又开始遛狗。姐姐先起床去遛狗，等她回来叫弟弟起床上学时，我会听到在睡梦中的弟弟很不放心地问：“你今天有没有遛狗？”他好怕姐姐又漏了。

妈妈实在不忍，于是给了但书：一个月，可以有一次机会，因为任何原因没有遛狗。但是，你会看到——姐姐想要养狗的意愿越来越少了，这也是妈妈要孩子想清楚的用意：每天做同一件事，还得早起，这不是随口说说可以做到的事。

于是我提醒弟弟："要是姐姐说放弃，你也不能强迫她。你要有心理准备。"如果他真的这么爱狗，为什么不能连早上的遛狗也包办了呢？因为每件事都是有极限的。弟弟跟姐姐不一样，他有"爱睡"的天性。除非晚上提前一小时上床睡觉，不然他起不来。妈妈也不希望他没睡饱却硬要早起。

最后，弟弟不知道跟姐姐签下了什么"卖身契"，让姐姐答应会一直努力，直到成功为止。今天已经连续第七天了，妈妈也发自内心地祝福他们早日成功。

散　步

11 月 12 日 凉爽

如果让我对人生最喜欢的活动做个排行榜，散步，绝对名列前茅。所谓散步，就是没有目的地随便走走。刚结婚时，连先生要去巷口便利商店买个面包我都要跟着去。就算是十五年后的今天，我还是喜欢黏着先生到处跑。闲来没事走走，当然要跟自己喜欢的人—我将它当成人生不可错过的大乐趣。

对了，直到大学时代，如果我妈妈要去附近的黄昏市场买菜，我也爱跟着。我对买菜一点兴趣也没，但就是喜欢挽着妈妈，边走边看边聊天。看到想吃的水果零食，就嚷着叫妈妈买——我的妈妈，是全世界最疼孩子的妈妈。

有了孩子后，散步的机会更多了。小宝宝最需要到处走走了，那是对孩子最有益健康的活动。我会推着娃娃车去散步，我会牵着他们的小手去散步，我会在后面慢慢走、他们在前面乱跑，我会陪着他们去骑脚踏车，然后我还是在后面慢慢地散步……可是，搬来香港后，我们散步的机会少了好多。

你一定会以为我要说，香港没有环境散步。错，我最讨厌将不能陪伴孩子的原因推给环境。因为我开始忙着写书了，孩子也渐渐长大不黏妈妈了。此刻，如果父母不刻意制造散步的机会，孩子是不可能自己说要去散步的。长大的孩子，第一个改变就是：不那么爱往外面跑了。

这几天弟弟的遛狗行程，妈妈都陪着他去。我们住的小区，可以养狗，但是在小区范围内，狗不可以落地。有没有听过“垃圾不落地”？对，狗也不行。如果你要带狗到小区外面散步，你得从出了你家的门之后，用手抱着狗儿，好像抱着小婴儿。你不会将小婴儿落地吧。然后，等你走到小区的大门外，狗才可以“落地行走”。很酷的规矩吧。如果你养的是大狗呢？嘿嘿，目前没看过。不过我看过有人将狗放进类似的行李箱里，一路拉着狗到大门口。

开始的几天，弟弟很认命，自己去，自己回来，而且遵守SPCA 的说法，每次遛狗至少三十分钟。后来我开口说要陪他，他说好。你以为他会感激我吗？是我要感激他，因为我开口说要陪姐姐去遛狗说了不下三次了——爱睡觉的妈妈，愿意大清早陪孩子去遛狗耶——但她也拒绝了我三次。

我会用不同的方式或故事来警告爸妈们，可是，到底有多少父母能明白这件事——孩子愿意跟在父母身边的时间好短啊！不把握，好可惜。

每天，弟弟一放学到家，四点，他先吃点心，看看书，玩乐高……休息得差不多了，就写功课。大约天快黑的时候，他会喊一声：“妈妈换衣服，我们去遛狗。”

我们出了小区，沿着小区的围墙走。这是一段向上的山路，路的宽度不大，可容中型巴士两线道通过；路的坡度不小，向上爬要使一些力气。我们沿着人行道往上走，单程约三百米。弟弟说，上下走两次，共四趟，大约要四十分钟。第一天我们一开始走，弟弟就从口袋拿东西出来吃，原来这小子还挺懂得享受的。他说：“之前自己走很无聊，吃东西就好多了。”

“弟弟，你小时候也这样。有一回你看故事书，放一个蜂蜜蛋糕在旁边，还切成好多小块。我问你做什么，你说要慢慢看书、慢慢吃，这样更好吃。”懂得享受，懂得善待自己，是很好的人格特质。

然后妈妈也开始带零食，跟着弟弟一起遛狗了。但是，我吃得很快，不像他会分配走多远吃多少。快快吃完的我，会跟小孩讨东西吃。由这件事我就该知道，养儿千万别指望他们能防老——“弟弟你好坏，整包干酪饼干，一口也不分我。”我说。

其实我松口让他们养狗，心里想的还有另一件事：每天出门散步三十分钟，可以活动筋骨，可以呼吸新鲜空气，还可以看花看草。虽然遛狗是义务，但却是一项对身体和心理都好的义务，不是吗？我才开始跟弟弟走了不到一星期，每每一开始爬坡，心里都不由自主地产生幸福的感觉——

他会牵着我的手。

他会要我拥着他、抱着他走。

他会跟我打闹。

他会故意整我，把我推向路边。

他会分我饼干吃。

他会故意捏造假故事骗妈妈，然后看我受惊后大小声乱叫……

因为遛狗，我们有更多的机会说话和享受人生。

这些看似无意义的小事，就是我当父母的最大意义。

散步时，弟弟说

11 月 15 日 晴

/

“妈妈，不管怎样，我一定会成功。我一定可以养狗。”弟弟说。

“可是万一姐姐一直失败呢？”连续一个月早起，不容易。万一哪天又忘了设闹钟呢。

“不管。失败就再重新开始。我会一直试到成功为止。”我忘了他签下的“卖身契”，“而且，姐姐已经答应我了，她也会一直试下去。我太喜欢狗了。”

“妈妈，不管怎样，这次不行，下次再开始，我会一直试，我一定会成功的。到时你一定要让我养狗，该不会爸爸又说不行吧。”

妈妈放在心里忍着没说。好几次我都要脱口而出：“好吧，先找狗吧。”看你们这么有毅力，我实在不忍心。

“弟弟，等真的有小狗的时候，你和姐姐根本不可能忘了遛狗，因为小狗到时间，就会开始‘吵’你们，不带它出去都不行。”我没养过狗，这是我的猜想，对吗？

2

“弟弟，你倒是帮我想想看——养狗到底会有什么麻烦事？”

天已经黑了，昏黄路灯下，只有我俩并肩而行，我突然有感而发：妈妈没养过狗，也不知道将来会有什么麻烦事出现，我很忙，不想给自己找不必要的麻烦。除了遛狗、打预防针、洗澡，还会有什么意想不到的事情吗？

我知道让弟弟打退堂鼓不可能，但是我也想让他帮我想想现实的责任，好让妈妈有心理准备。结果，我的话刚说完，完全没有时差，他接了四个字。我瞪大眼睛，什么话也说不下去了。

“养小孩呢？”

呵呵呵，你养小孩就不嫌麻烦，我养狗比得上你的麻烦多吗？

回程的路上，我又说：“弟弟，你说得对。孩子都敢养，养狗算什么呢？而且，养狗还比养孩子好。孩子长大就飞了，狗却会忠实地跟你一辈子。”唉，我真是亏大了，还养了两个。

3

calvin and hobe 是姐姐和弟弟最爱的漫画。作者说的是一个小男孩和他想象的小老虎的故事。小男孩 Calvin 有一只绒毛小老虎 Hobe，这只绒毛玩具，只要单独跟 Calvin 在一起，就会活起来。Calvin 非常调皮，小孩可以做出的坏事，大概都被 Calvin 做尽了。我猜，这也是姐姐和弟弟很喜欢这一系列漫画的原因——自己不能做的事，看别人做也可以过过干瘾。

这天一开始散步，弟弟的脑袋可能自动输入了“小孩与狗”的关键词。

“妈妈，有一天，”这是我最感激孩子的地方，他们想到了什么好笑的东西，都会说给我听，“Calvin 的妈妈问爸爸，‘如果我们当初没生小孩，养一只狗，会不会更好呢？’然后，Calvin 的爸爸就反问妈妈，‘那你说，如果我们当初只养一只狗，没生小孩，你觉得如何？’

“然后，Calvin 的妈妈就说：‘嘿，是我先问你的。’”

“故事就结束了？”我问。

这漫画，每篇有长有短没错。但没见过这么短的。

“对啊。”弟弟说。

“哇，作者好厉害。Calvin 的爸妈都想回答‘会更好’。但两个人都不敢先说。”我说。

“对啊，他们都想等对方先说，然后自己才敢说。我也是。”弟弟说。

“作者要说的是，这个小孩，实在太调皮了，调皮到父母都想拿他换条狗回来。”我说。

“妈妈，我已经跟你说过很多遍了，狗是‘只’，不是‘条’。

又不是香肠。”

4

“弟弟，已经进入第十天了。姐姐真厉害，每天自己早起遛狗。”

“可是，这份工作是要连续做四年。”我觉得不可思议，“而且，现在姐姐最重视的是朋友，她为什么肯大费周章地这样牺牲自己呢？”

“她也很想养狗啊。”弟弟说。

“弟弟，”妈妈将攻击目标转向，“那你呢？你现在遛狗好像觉得很有趣，到时候要你每天遛，你还会觉得有趣吗？”

“大概会有趣一星期吧。”弟弟说得云淡风轻，我却感到很惊讶。

我直直地瞪着他大叫：“一星期。”

“一星期后，就觉得很无趣？”我重复。

“对啊。”他一副理所当然的表情，好像是说，我如果不是这样子想，我才有毛病呢。没等我继续啰唆，他又说：

“那是当然的啊。每天都要做相同的事，当然不会有趣。但是我喜欢狗，就一定要做。”这没什么大不了，人生在世，很多事情，都是这样的。不是吗?

我用佩服的眼光看着他。没错，我不喜欢喂奶、换尿布、半夜听孩子鬼哭狼号；我也不喜欢孩子每天回家就只知道吃饭、睡觉、跟我要钱……但是，我喜欢孩子，这些都是一定要做的，没什么大不了。人生在世，很多事情，都是这样的，不是吗?

罚 跪

11 月 17 日 秋

网络上看到有位妈妈说，小学的儿子写功课不认真，她就直接叫小孩罚跪。我听了头皮发麻，但也不好说什么。毕竟那是别人的家务事。

前些日子看到一则社会新闻，邻居双方吵架，其中一方大概知道乱骂人可能会吃上官司，于是在自己脸上划两下，比出羞羞脸的动作，对方一状告到法院，结果比羞羞脸的被判有罪。

我虽然很惊讶这样的判决，但其实内心叫好。有些人真的太没礼貌了，扰乱了想要平静过日子的人。当时我将这则新闻转述给正在做功课的弟弟听。

他问：“什么是羞羞脸？”嗯，问得好，我还一时答不出来呢。就是指对方做了什么见不得人的事情。例如，有些男同学会躲在楼梯下偷看女生的内裤。

我说：“弟弟，到底可不可以对别人比羞羞脸呢？”

“当然不行啊。”

我说：“为什么不可以？”

“因为那是侮辱，只是没使用言语而已。”

罚跪，也没有使用言语侮辱，但强迫别人做这样的动作，也是侮辱。

孩子到底做了什么错事，可以到被罚跪的地步呢？没有。即使已经错到要被捉去监牢了，我还是不会罚他跪，直接去关就可以了。因为你没有这样的权力。

好吧，如果一定要我假想一种需要罚跪的情况：假如有一天我不小心致人于死，当我看到对方的家人伤心欲绝，我可能会不由自主地跪下去。太对不起了，对不起到除了下跪，无法表达心中的歉意。但是，这还是无法符合“罚跪”的定义“强迫对方跪着，以示处罚”。

今天的晚饭，只有我跟弟弟。上初二的姐姐，最近的日子很辛苦，为了要成绩好，每天的睡眠不到五小时。今天又留在学校里跟同学讨论功课。“弟弟，今天我听到一个妈妈说，他的孩子做功课不认真，就叫他罚跪。”

“罚——什么？”他明明听得不完全懂“罚跪”的意思，但眼神却已经表现出不可思议。

“罚跪，就是膝盖跪在地上。”

他面无表情地回头继续吃饭。他一边嚼一边说，仿佛他说话的对象是眼前的饭菜：“做功课不认真，就罚跪。教小孩方法不对，就砍头。”

我的脑袋转了两圈才发现，哎呀，你拐弯训人哪。

后记 

两天后，我还是很好奇，“为什么父母不可以让孩子罚跪？”弟弟这次很认真地想了想：“嗯，这好像是主人对待奴隶的处罚方式，不应该是给小孩的。”

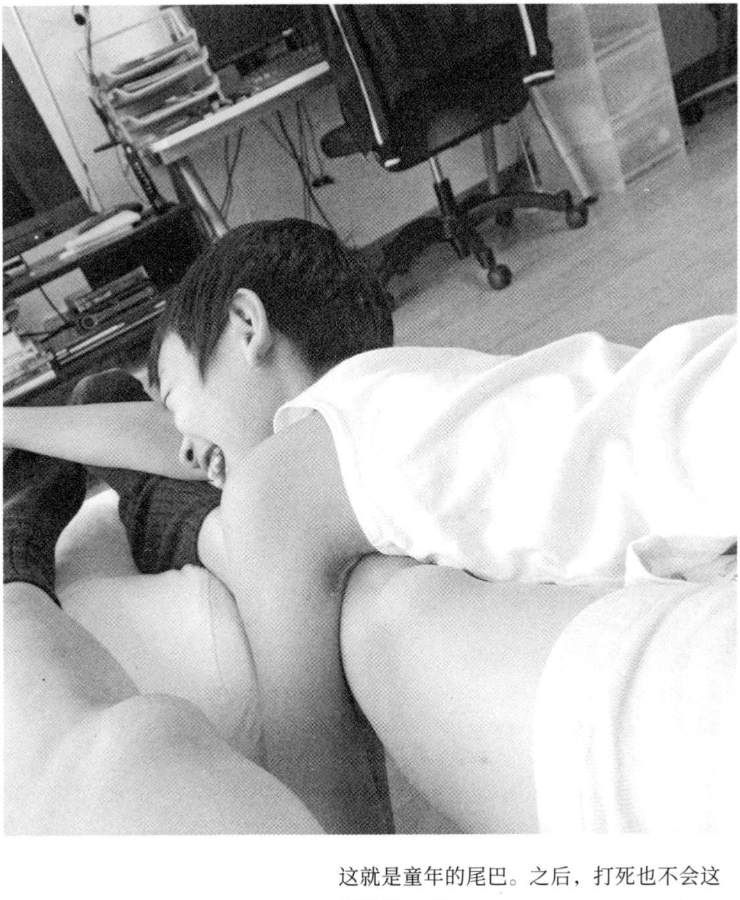

这就是童年的尾巴。之后，打死也不会这样黏着妈妈了。

当孩子开始藐视父母

11 月 19 日 晴

如果你的孩子还小，他即使再顽皮、再胡闹，也顶多只是在挑战父母的耐心极限。在小孩的心目中，父母是神，父母是小孩世界里的中心点。

但是，这样的日子不长，大约从小学高年级开始，他们会慢慢发现：父母不是万能的。然后，他们会自动将这样的认知扩大，最后开始藐视你。

“我最近被我两个儿子烦死了。”朋友的儿子进入初中年纪，

“他们每天说我笨，说我什么也不知道。我是台湾大学毕业的，只是生孩子回归家庭了，他们那些功课……明明不懂，

还不让我教，说我这么笨怎么会知道，气死我了……”

我听了心里直发笑，这样的孩子很稀奇吗？不知从什么时候开始，姐姐和弟弟也是用这种态度对待我。弟弟昨天还来嘲笑我说：“妈妈，好久以前，我们第一次说放屁这个英文字，你还以为我们是说 F 开头的脏话……妈妈，你……”孩子一副不可思议的表情，你的英文怎么这么差？

我被孩子藐视的概率逐年递增，今年是第四年，可以想象我在他们心中有多么渺小。可是，我从不反击，他们说我英文差，是事实；他们笑我笨，也是事实。需要辩解吗？需要生气吗？有时候，当笨人，是一种人生乐趣，尤其是在最爱的人面前。

今天姐姐一放学，坐下来聊天没说三句话，马上报告大新闻：

“科学课的考试成绩发下来了，老师先说，我很遗憾，全班都低于三十分。”

妈妈一听就知道，孩子在给妈妈打“预防针”，免得考卷要家长签名时，妈妈大惊小怪。所以我没说话，继续听她的故事。

“连拿奖学金的某某，都是三十分。大家都不服气，我们明明都有照老师的要求写报告……”

“姐姐，老师不会故意找你们麻烦，你们一定是哪里做错了。”故意找麻烦的老师不是没有，但概率不大。

姐姐继续说：“下课后，我们跑到办公室去找科学课的科主任（也就是这位老师的上司），跟他抗议。”

什么？天哪！我的成长经验告诉我，这种行为是不被认同的。但是，学生有声音就应该往肚子里吞吗？带头的孩子里，果然有一个西方孩子，不然，我猜很难成行。

“然后，下面一堂还是这个老师的课。”姐姐说。
我心想：“你们真是大胆啊，不怕老师把你们骂死吗？”但是，没有。“老师给了全班一个很长很长的训话，然后说让我们重写。”姐姐的表情是“老师有问题，重写就重写。”

“你知道要怎么重写吗？”我问。

“不知道。发回来的报告，老师有批改。可是我明明没有错啊。”

“姐姐，把报告和老师的题目拿来，妈妈帮你看。”孩子进入国际学校五年了，我第一次要求看孩子的功课。

姐姐不情愿地拿来了。她指着评语，“妈妈，你看老师说……”

“题目是什么，你先解释给我听。”对不起，我必须让孩子先翻译成中文说给妈妈听。我的中文脑袋，没法用英文想事情。”

“人工钻石是主题。我订的题目是，人工钻石对全球经济的影响。”

“好。”我边看边说：“老师的要求有五项，第一项是人工钻石的特性，你写在哪里？”

姐姐开始搜索她的报告，她指出其中一段，我又要她翻译给我听。“姐姐，这些都不是特性。”

“好，我们来看第二项，人工钻石的定价标准，你写在哪里？”

然后，姐姐的脸色由一开始的理直气壮慢慢缓和了。

“妈妈跟你说，你们全班有二十八名同学。如果老师每一个报告都像回给你的这样，一段一段地指出毛病在哪里，那他真是一个认真得不得了的老师啊！他不会吃饱没事找你们的麻烦！”

姐姐反驳说：“可是，既然老师没错，为什么他要让我们重写？”原来她完全想错方向了。

“你不要以为老师让步就是他错了。有可能他根本就希望你们重写。你们刚好去抗议，他只是不想跟你们这些小孩子计较罢了。”

还好，姐姐及时悔悟：“明天我要去跟同学说，我们误会老师了。”

“姐姐，不止这样，你还要去跟老师说对不起。你们这样跑去抗议他。老师都没怪你们呢。”

“我不能自己一个人去说，如果其他人都同意，我们才一起去说。”这点我能理解，青少年有时候不能脱离同伴，特立独行的压力太大。

“姐姐，去跟老师道歉这件事。我觉得比你成绩拿几分重要得多。拿零分都没关系，但这句对不起，一定要说。”不然，认真的好老师还被学生误会，太没天理了。

后记 

当姐姐对我的讲解，一一点头称“是”时，我终于逮到机会了：

“喂，你妈妈是美国硕士学历，你以为念硕士不用头脑吗。你以后想要成绩好，来问妈妈就对了。”我好拽喔，终于一吐五年来被孩子藐视的闷气。

几岁可以交男朋友

11 月 20 日 雷

十四岁女生少女情怀，是值得保护的。

如果你以为我要说的是，十四岁女生需要父母保护，以免吃亏上当。对不起，那不是我要说的。

/

“妈妈，几岁可以交男朋友？”姐姐第一次问时才十二岁。因为同学间，已经有“班对”出现了。我一直很好奇：这个国际学校，校规里到底有没有规定，同学间可不可以交往？我猜，没有。那在校园里，男女朋友可否手牵手，或是躲在无人之处接吻？我猜，前者可以。后者我自己就在孩子的校园里看过，不过，不是什么无人之处，是在大操场旁，还有一大群小学生跑来跑去的前面——活蹦乱跳的小学生，没人注意他们。我猜，一大群小学生的地方，就是掩老师耳目的自然屏障。

姐姐问了好几个月的问题，有一天，我终于给答案了：“可以。”孩子的眼神闪耀着光芒，“等厕所的卫生纸，都是自己赚来的，你就可以交男朋友。”妈妈，你最奸诈了，这样根本就是不可以。

2

六个月后。

“妈妈，我们的英文课，读莎士比亚的剧本《罗密欧与茱莉叶》，老师说，故事里他们只有十三岁。”姐姐的意思是，为什么他们十三岁就可以谈恋爱，我却不行。

“怎么可能，”我没看过莎翁的名著，但是我还有常识，“你翻来给我看，哪里有说他们十三岁？”

果然，姐姐翻不到证据。“老师说，后来的电影，是故意将主角的年纪加大到十七八岁，实际上不是。”姐姐只能口头解释。

有几分证据，就说几分话，我理直气壮地不理会孩子。

西式教育，学习单元不多，但是每个单元的时间充足。超过一个月，姐姐都在莎翁里打转。大概每天在学校看罗密欧与茱莉叶可以明目张胆地谈恋爱，她很不服气，只好经常来找妈妈吐苦水。姐姐一口咬定他们就是十三岁。有天我火了，说：“如果罗密欧与茱莉叶是十三岁，我就让你交男朋友。”

姐姐有对象吗？有。她随时都有。好像从来没间断过。不过，可怜，都是暗恋。现在她是未雨绸缪，总不能口渴了才去挖井吧。“你如果不准，要是机会来了，我能怎么办？”姐姐总是这样说。

我的重话一说，孩子没再抱怨。我以为没事了。事隔一个月，她直接拿了“证据”来——哎呀，我被莎翁害死了，罗密欧与茱莉叶真的是十三岁。古代人都有什么毛病哪，十三岁就这样爱得你死我活，他们都不需要考升学考试吗？

不过，奇怪的事情发生了。我一向说话算话。孩子只要咬死我的承诺，我一点办法也没有。我不可能在这种时刻去跟孩子强辩。当下，我看了看证据，只说了“真的啊”，姐姐这时却走开了。孩子明明有机会，却放弃，为什么会这样？

“人有失手，马有乱蹄，不是真心的答应，不要也罢。”妈妈只能猜想，姐姐大概是这个意思。

3

又是半年后。

“妈妈，现在不能交男朋友。那，到底几岁可以？”

“嗯……”这个问题真难回答，因为我也不知道答案。

“妈妈，你是几岁开始交男朋友的？”这也是一个希望，看看妈妈的经验如何，说不定我也可以“比照办理”。

“嗯，大学快毕业。二十一岁吧。”姐姐绝望地摇摇头，给了我一个“你真是可怜”的表情。

到底孩子几岁可以交男女朋友呢？孩子不知道我心里的答案：我根本不准备管你。你准备好你就去交，妈妈信任你。但是要我亲口说好，即使罗密欧与茱莉叶当证人，我也说不出口。不过，姐姐一直逼我给她个数字——

“美国十六岁算成年。就十六岁吧。”

“还要等两年。”她很失望地抗议。

唉，女大不中留，留来留去留成仇。但妈妈怕的不是这个。

“不然，你功课都名列前茅，我再看看。”

功课不好，谈什么恋爱。我给了孩子一个希望，也给了父母一个缓冲。

一起找帅哥

11 月 21 日 晴

他是这学期才转来的。人长得帅，篮球校队的，个性友善，功课不错。我很喜欢他，但同学都混在一起，而且他好像喜欢另一个女生。没关系，当朋友也不错，反正妈妈不让我交男朋友。

他很会唱歌，好像有另外学声乐。今天下课大家一起去吃东西，聊天聊得正起劲时，我说时间到了我妈要我回家，大家都开玩笑说不要管妈妈说什么时，他却说："妈妈就是给你吃和住的人，当然要管。"你看，这人不错吧。

他今天问我喜欢谁，我要他先说，结果我们俩都承认喜欢对方。但是我说，我们先当朋友就好。他说好。

这个人的名字，我听了三个月。姐姐开学刚好三个月。

姐姐一开学就被妈妈“禁足”了，原因是上学期成绩不理想。所谓不理想，就是没达到她自己设的标准。所以他们可以眉来眼去的时机，就只能在课下。我才不管你在学校做什么，因为我也管不到。但是功课不好，我却看得到，你希望一直被禁足下去，那随你的便。（特别声明：“随你的便”是我的腹语，不会真的说出来。）

上星期，“我等你”这三个字，已经让事情往“天雷勾动地火”的路上走了。

这星期五下课回来的姐姐，一脸喜滋滋。“我们今天下课去学校附近的海滩散步。我们又笑又叫，大声唱歌……”我马上严肃地警告孩子：“你跟他去海边，妈妈不反对，但是，海边人不多，你们如果只有两三个人，要特别小心。不要以为他是篮球校队的，真的遇上坏人，你们一点办法也没有。”此时，我没有继续将社会新闻更清楚地往下描述，因为不是时候。

“我知道，上星期我们一行五人也是要去那个海滩，但是从学校出发时已经五点，等我们到海滩，天已经黑了，我们马上掉头回来，根本没有进去。”

前天吃晚饭时，姐姐又在谈他："我今天要上台做报告时，老师刚好出去五分钟，当我站起来要往前面走时，他要给我加油，就抱了我一下。"

"抱你？"

"妈妈，这没什么稀奇，同学之间抱抱，很正常。"

"很——正——常，"我从牙缝恶中狠狠地挤出这三个字，然后饭也不吃了，直接推碗筷，站起来，"你，现在给我示范一下，到底怎么个抱法？"

我虽然有点半开玩笑，但其实也很好奇，全班同学都在教室里，你们这些小孩想怎样？姐姐一边笑一边示范，就是从后面抱了我一下。好，很好。我坐下来继续吃饭，不然，怎样？掀饭桌吗？

今天，姐姐睡前说要读她写的小品给我听。我懒得听她的文章，因为都是英文，她一边念，我还要一边问什么意思。但是这一听，却听得我心都碎了。关了灯后，我心想：我该不会就是那个拆散罗密欧与茱莉叶的凶手吧。故事是这样的——

他们俩说开了喜欢彼此之后，同学间也开始传谣言了。姐姐说有些话很难听，不能说给我听。“到底有多难听？”举一个例子给妈妈吧。A说，“他怎么会跟××在一起？”B说，“她一点也不漂亮。”但是我们不管，因为我们根本没有在一起。

“你们有牵手？”小品文里是这样写的。“他有牵我一次，但是十秒钟后我抽开了，我说，我们还不是男女朋友。”“妈妈，你看，我很有自制力吧。”

“你不想他牵你的手？”妈妈以为。

“没办法啊，我现在又不能交男朋友。”

“妈妈，下一段是假的，这样文章比较好看。”因为她描写的是亲吻的情节。“不过，他真的有要亲我……”

我感觉到自己的肾上腺素开始分泌，好像后面有狗追我，我可以马上跳过墙了。

“这个星期一放学后，我们一起去等巴士，他看着我的脸，用手指轻轻划过我的黑眼圈，问我昨天晚上几点睡？”

“我说一点半，他说，‘我叫你早点睡，你都不听。’”

“然后，他好像准备亲我，我拿手挡在前面，说‘We are not dating’。”我们还没开始约会，是西方习惯的说法，意思就是，我们还只是朋友。既然不是男女朋友，这些事都不行。

“那他什么反应？不会很尴尬吗？”

“他退后了一步，说，‘我等你。’”

天哪，你说，听到这里，你的心会不会也碎了？

我的心真的碎了。但是我只能用搞笑作结尾，“你好幸福啊，都有帅哥爱。不像我，你看，现在都十点了，爸爸还没回来。我也有黑眼圈，都没人理，呜呜……我不要爸爸了，我们俩一起去找帅哥吧……”

鼎泰丰的洗手间

11 月 22 日 小雨

那天，在鼎泰丰的洗手间里，我目睹了自己和女儿的“世代交替”仪式。

我喜欢鼎泰丰，在台湾会去。一年前它来香港开分店，照理说我不会去才对，因为在香港的价格比台北贵三成——但我们还是去了，算是给自己人捧场吧。

每次到鼎泰丰用餐，我都会不由自主地感叹：如果每一家公司都有鼎泰丰的服务和管理效率，想不成功都难。一家餐厅的成功，光是东西好吃还不够，因为好吃的东西很多；不谈别的，你注意到他们的洗手间吗？到了香港，还是一样。

它的洗手间有一个专责打扫的妇人，通常这项工作应该是兼职的，扫完厕所后，再去忙别的。但是鼎泰丰的不一样，她在厕所里不走，只要一有人出来，她会立刻进去“巡视”，即使后面有人排队，她还是会以最快的速度进出，然后在门口用手势和问候语请客人进去使用。她会在每位客人进去之前先确认好：马桶是干净的、马桶盖上没有任何水渍、地是干的、看不见使用过的卫生纸……那天，我和姐姐去了鼎泰丰在香港尖沙咀的分店。

下午五点不到，所以不用排队我们就吃到了小笼包。“姐姐，妈妈要去洗手间，你要不要去？”“好。”小小的洗手间，只有两间；香港寸土寸金，它们竟然还是维持传统，在洗手间的入口处设了洗手台。当然，那位妇人也没有因为搬到了香港而缺席。当我从洗手间出来准备洗手时，姐姐刚好也在我旁边的洗手台，我像往常一样快速地洗好手、擦干，站在姐姐旁边，等她好了一起出去时——她，擦干手，慢慢地从大背包里拿出一个小包包，拉开拉链，拿出一支眼线笔，先画左眼，再画右眼，放回眼线笔，拿出睫毛膏，先涂左眼，再涂右眼——“好了，我们可以走了。”

我，当然知道女人在厕所里补妆没啥好大惊小怪，虽然我没有眼线笔和睫毛膏这种东西。但是她才刚满十四岁——我无声无息地目睹一切，一句话也没说。可是不知道为什么，我

的心里却发出窃笑声，好像是幸灾乐祸的那种，

“人各有志，你喜欢就好。爱漂亮，没什么不好，只要不麻烦别人，自己也不嫌麻烦，就好。”

后来，她买回一双十厘米的高跟鞋，我心里也有同样的窃笑声。我还没看到她穿鞋呢，就想到了庙会里的七爷八爷。

妈妈痛恨高跟鞋，女儿就要跟着痛恨吗？她爱上了高跟鞋。一双接着一双。但有一天，她突然不穿了，为什么？因为学校建在一片丘陵地，“爬上爬下的，穿高跟鞋不如杀了我算了。”

恋爱智商

11 月 23 日 多云

听姐姐说越多关于她喜欢男孩的事情后，我越觉得自己的恋爱智商趋近于零。

对于自己喜欢的男生，别说表白了，我连看一眼都不敢。哪怕只是一眼，不敢，就是不敢。

“错过，有时候不见得是坏事。”我错过了一个又一个，但是最后一个却给了我幸福。我错过了可能飞黄腾达的事业，但却没有错过幸福。

“妈妈，你问过爸爸他从前女朋友的事吗？”

没有。

“从来没聊过？”

从来没有。

“那，爸爸问过你从前男朋友的事吗？”

没有。

“从来没聊过？”

从来没有。

嗯，姐姐带着赞赏的表情离开了。

今天是星期六，星期六早上是全家的网球时间，打完球，姐姐说要去遛狗，而且希望妈妈陪。我已经满脸通红，濒临昏倒状态，但还是乖乖地跟着去了。孩子愿意邀你一起去做些什么的时间很短，我得好好把握。而且，我知道，她心里老想着交男朋友的事，父母不要以为捂住耳朵听不到、蒙住眼睛看不到，事情就自己解决了。走着走着，我先开口了。

“姐姐，你要有心理准备，他有可能不等你，去交别的女朋友。”明明是我不让她交男朋友，却还敢去捅这个马蜂窝。我是担心万一事情走到那个地步——好可惜。好男孩又不是随手一抓就有，说不定下一次的机会是十年后。

“对啊。”姐姐打蛇随棍上：“而且，他可能只读一年就转学了。”好小子，知道用这招“时间紧迫法”。

“为什么？”

“我也不知道，我每次问他会在这个学校几年，他都说一年、两年、三年、四年。”

“哪来的四年，你们不是再三年就毕业了吗？”

“对啊，他就是不说答案的意思。”好小子，知道用这招“吊人胃口法”。

“你不是看过他上一个女朋友的照片吗？”我也看过（这就是网络时代，只要你愿意将照片放上网络，全世界的人都可以轻而易举地看到），很美，很成熟，一点都不像十四岁，去选香港小姐都不成问题。

“他们为什么分手？”我说。

“我没问。”姐姐说。

这种问题不需要问。“姐姐，你很聪明。”我说。

“我知道。”姐姐说。

姐姐做数学的智商不怎么样，但是谈情说爱的智商却比妈妈高许多。尤其从这个年龄来看，简直可以“出国比赛得冠军”了。

“你一直拒绝当他的女朋友，都是用什么理由？你说我妈妈说现在还不可以吗？”

“没有。我怎么可能这样说。”我暗自惊讶，你怎么知道不可以呢。

“你说我妈妈说我成绩不够好？”

“我说过，不过是开玩笑的方式说。”

我们越聊越起劲，姐姐也越说越多。“这个星期一，放学后我们留下来做园游会的海报，有一个空档，他拉我到教室的角落，”我忍不住插话，“教室不是很多人吗？”“对啊，角落，别人没注意，他偷偷在桌子下面牵我的手……”

我很紧张地问：“那样不会被别人看到吗？”

喂，这位妈妈，你跟他们不是同伙的，不应该关心“有没有人把风”的问题吧。

“工作桌很高，看不到。”

“那，你们手牵手，还可以继续聊天啊？”这位妈妈，你也帮帮忙好不好，谈情说爱，讲究的是气氛，聊什么不重要。

“然后，我突然一转身，就看到某个很喜欢他的女生凶恶地瞪着我，我当场吓了一大跳。他问我怎么了，我说没什么。”

“你俩的事，不都在同学间传得沸沸扬扬的了，你为什么不跟他说谁在瞪你？”跟心爱的人吐吐苦水，不是理所当然的事吗？我的恋爱智商竟然不如一个青少年。

“我从来不跟他说这些。他没感觉的事，不需要跟他说。他可能根本不在意，那我何必拿我在意的事让他烦恼呢？而且，别人爱说什么我们又管不了……”

“你很成熟，他也很成熟。你们一点也不像十四岁和十五岁的孩子。”妈妈说。

“对，我知道。”姐姐说。

你不怕吗

11 月 24 日 晴

孩子上大学了，但是开学没多久，女儿就变了一个人似的，每天郁郁寡欢，将自己锁在房间里，直到半年后休学进了医院，家里才知道发生了什么事：一开学的迎新晚会，女儿被三个男同学迷昏后轮暴……最后，虽然没有听到坐牢的字眼，但是其中一个男生自杀死了、一个休学出国、一个下落不明……

她说的是朋友的朋友的故事，她自己的女儿才幼儿园大班，已经把她吓得半死。“我非常担心女儿，以后一定要管紧一点。”真人真事，更令父母毛骨悚然。但是，如果听到一个这样的故事就准备把女儿管紧一点，那干脆直接送去庙里做尼姑好了。父母管得紧就没事了吗？没有判断力的孩子，可能就是父母管太紧的结果。

“十四岁，交男朋友好吗？”

“有男生跟女儿这么亲近，好吗？”

嗯……老实说，那天听完姐姐的故事，我差点哭了出来。最天真无邪的年龄，最纯真的爱情——摸摸她脸上的黑眼圈，你昨天晚上几点睡；趁大家都不注意，在她的脸颊上亲一下——你遇到过这样的爱情吗？我知道，好多人，活了一辈子，甚至已经结婚生子了，一次也没遇到过。人世间，最美好的东西，孩子刚巧遇上了，我只想说，很好。

“做母亲的，你都不担心女儿吗？”我知道父母心里想的是什么。对，你可以说我很奇怪，父母怕得不得了的事情，我却一点也不担心。为什么？因为我相信我的孩子，她的眼光不会这么差，差到连好人坏人都分不出来。

几个星期前，姐姐很困惑，她困惑的不是这个男生喜不喜欢她，而是她身边三个最亲近的好友都不赞成姐姐跟这个男生在一起。有一天傍晚，我俩走去超市买东西时，姐姐用大义凛然的口气跟我说：“妈妈，我决定为了朋友，放弃他。”为什么？

“因为我的朋友都说他将来一定会伤害我，说他是花花公子，说我不应该接受他才对。”姐姐说完，我不但没有趁雨天收伞，竟然说：

“胡说八道。他是坏人吗？我虽然不认识他，但是你们才十四岁，十四岁的孩子能坏到哪里去？怎么伤害你？你不会保护自己吗？你有眼睛，你自己不会看吗？还没发生的事，不要随便下结论。”

可以想象姐姐当时松了多大一口气，多么感谢她妈妈这样说。我不是因为要争取孩子的感谢才这么说的，我只是说出心里的话。

我的不担心，是有蛛丝马迹可循的。我不是闭着眼睛假装看不到，就跟自己说没问题。我是将全部的蛛丝马迹加在一起，知道问题不大。我甚至没问过对方父母的职业是什么。父母的职业或是家世背景，是决定一个孩子好坏最重要的因素吗？别傻了，有钱人家出来的坏孩子，绝对不会比没钱人家的少。我突然想起了我自己的小时候，大概只有小学二年级——

我当时有一个非常要好的同学，我们常常一起在家附近玩耍。好几次，他邀请我到他家里玩，我还记得他家里的样子：父母可能是卖水果的小贩，家可能是违章建筑，没有客厅，我们是在搭着雨棚的院子吃饭。房间很暗，东西也是又旧又黑的。不过，有可能事实并非如此，只是它与我家的反差太大，所留下来的印象。我要说的不是一个家的硬设备，而是“软件”——我记得他的父母，对我的到来亲切和蔼，我好像也提了几次免费的水果回家。这个同学的功课很好。但第二年我转学了。这个同学还来我家按门铃，丢了一封信就跑了。

一个人本质的好坏，从平常的一举一动就看得出来。一个人真诚与否，也无法用虚伪掩藏。如果你心里想的是：反正男生不吃亏，但女生不同。那我想问：吃什么亏？不要把从前的三从四德当理由。如果你喜欢的不是现在的我，就不要跟我在一起；如果你介意我的过去，那就离我远一点。志不同道不合的人，根本不该在一起。

可是我知道，有一件事，我必须与孩子一起面对：姐姐终究会有伤心的一天。青少年的爱情，很难不以伤心收场。看着心爱的人离开，不论何种方式，十四岁的孩子，承受得了吗？我想问的是，青少年的爱情，父母拦得住，或是父母应该拦吗？

不让她亲自尝尝，怎会知道，人生原来有这么多不同的味道。

懊恼就是浪费生命

11 月 25 日 雾

昨天晚上，整理关于新西兰旅行的书稿，明明已经定稿了，我却突然想起了一篇文章，关于我和弟弟去看新西兰国宝鸟的那篇，怎么没出现在稿件里呢？

人一过四十，记忆力明显下降，这么重要的事，就像妈妈带孩子去上学，到了校门口才发现孩子没跟来。

晚上六点，我开始在计算机上“翻箱倒柜”，但是，找不到。然后我开始回想文章里可能出现的关键词，用计算机的搜寻功能找，还是找不到。我搬出备份磁盘找，一个一个档案打开来看。有没有可能把它跟什么文章一起存了，而没有设新档名呢？一点也想不起来了。

“弟弟，我会不会是根本没写，只是想要写，想太久了，就以为自己写好了？”妈妈找孩子诉苦。

“我好像记得你有跟我提到这一篇，好像还有念给我听呢。”弟弟也试图帮忙。

我不死心，又把好几个随身碟也拿出来找。找得头昏脑涨，但还是没找到。

“妈妈，我们先去遛狗。”弟弟喊我。我不情愿地离开计算机，沿路上心情很不好。“妈妈，等会儿回家我帮你找。”弟弟难得这么关心妈妈。最后，直到晚上十一点，先生应酬回到家里，我还坐在计算机前面。

为了找一篇文章，我花了五个小时，当天晚上还做噩梦。第二天，不死心，又花了两个小时找。最后，我跟自己说：“你是猪头，不要找了，重写。”

我明明知道，重写只要两小时，却不肯，执意要找到它。因为，重写的东西不会是一样的。而且我根本不记得我写了什么，只是微微有点印象——有个早晨，我下了决心动笔写那篇文章，写完后心情很好。我还记得当时我看了一眼窗边透进来的温暖阳光——天啊，自己写了什么，不记得半个字，却记得温暖的阳光。那是一个单纯的故事，就是因为很单纯，反而不好写，我是挣扎了好久才动笔的，写完后又很满意。我怎么肯再重写呢。我写不出来一样的了，当然拼了命也要找到它。

已经找了八个小时，我跟自己说："先去睡个午觉，起床后就动笔重写。不准自己再找下去了。即使将来找到了，两相对照留最好的，也不错。"

如果你有遗失重要东西的经验，就应该能够体会那种沮丧和懊恼是会杀死人的。"怎么会不见了呢？我怎么这么不小心呢？要是当初……"反反复复的情绪，无能为力的感受，是会要人命的。我告诉自己：打败沮丧和懊恼的最好的办法就是面对和接受。

她年纪轻轻、孩子才小学年纪，先生跟公司的同事同居了。她伤心，她难过，她沮丧，她懊恼，她哭闹，她冷战……全部的方法都用尽了，先生却执意要脚踏两条船。二十年后，先生会回家，不过两人形同陌路，夫妻关系只出现在身份证的字段上……

你我的身边都不缺乏这样的故事。当初，她明明有能力离开，只要下定决心踏出去；只要自己肯将沮丧和懊恼抛开，大步向前走，她的人生会不会因此而不同？但是有多少人不肯，就像我执意要找到遗失的档案，宁愿多花四倍的力气，也不肯抛开已经不属于自己的东西。花在懊恼的时间，没有任何意义。

午睡起床，弟弟已经放学回家了，通常，这个时候我不会再出门写东西。

“弟弟，妈妈要出去了。”我背起了手提电脑。“做什么？”

“我要去重写昨天找不到的文章。”很好，他露出赞赏的表情。刚刚放学进门的他，知道妈妈今天又花了两个小时找那个遗失的档案时，已经给过我“这个人是笨蛋，没救了”的表情。

两小时后，六点半，我一踏进家门，就对着孩子大喊：“妈妈的文章已经重新写好了。”孩子看看我，什么话也没说，他们脸上的表情忠实地反映了我的心境：妈妈终于又活过来了，真是如释重负。

从前发生过什么事不重要，重要的是怎样面对未来。

后记 

这篇重写的文章，就是《真的放手让你飞》里的“还好，我有带你去”。

有些难关，只容自己通过

11 月 27 日 晴

一滴眼泪由眼角挤出，我赶紧拿卫生纸吸干。紧接而来的阵痛，又挤出另一颗。老父八十多岁的高龄，连眼泪都干枯地快流不出来了……我什么也不能做，连拍拍他也不能，因为他身上插着许多管子，只能捧着他的脸帮他喊着好痛好痛。但是他有多痛呢？不是自己受的苦，别人永远无法体会。

女儿从学校打电话来，说右边腰的位置好痛，我赶紧带她去医院。她一度痛得直不起腰来，我爱她比爱我自己还多，但是她有多痛呢？我只能搂着她，她的疼痛，我一点也分担不了。

好友因为体检发现了乳腺癌，还好是零期，但切除后必须做化疗。我们到她家看她时，她不温不火地叙述化疗副作用痛倒在地的景象，我永远记得她说话的重点：不管你的世界黑暗到了什么程度，别人再怎么关心你，都只能在旁边干瞪眼，连帮你点一支小蜡烛照亮一点路的忙，都帮不上。

当我的牙齿蛀到神经时，那是整个晚上无止境的疼痛。当下我心里只有一个念头，如果明天有人告诉我，我这辈子都要这样痛下去的话，我怕，我会选择不要活了。

早上孩子发现，妈妈这么可怜地拖过一整晚而想来安慰我时，我勉强地分了一些抵抗疼痛的力气，吐出一句："没关系，妈妈等一下就好了。"当时我只想快快推开他们，不是因为我不需要关心，而是因为我痛到连接受关心的力气也没有。"大家都不要靠近我，没有人可以帮我，我只能靠自己的意志力撑到医院开门来解救我。"

黑暗的房间里，我捧着老父的脸。年轻时，他对另一半不满。孩子长大了，他不满的对象扩大到孩子，然后是国家、社会、亲戚、朋友……到了病榻前，他抱怨的是医院和照顾他的家人。当眼泪一颗一颗被病痛挤出时，我除了帮他擦拭外，还平静地说出了我的人生感受："人生哪，不管是哪一种痛，别人都帮不上忙，除了自己撑过去，别无他法。"然后我告诉他我牙痛的经验，可爱的老父竟然还点点头响应。

每个人都有自己的苦难经验，或多或少，或轻或重。不管每个人的经验如何不同，有一点肯定是相同的：有些难关的宽度，窄到只容自己通过。

这也是人为什么要保持乐观的原因。

因为乐观，可以增加难关的宽度，即使增加不到和人并肩而过，至少自己通过时，会比较舒服；当自己舒服了，爱你的人，也会跟着受惠。

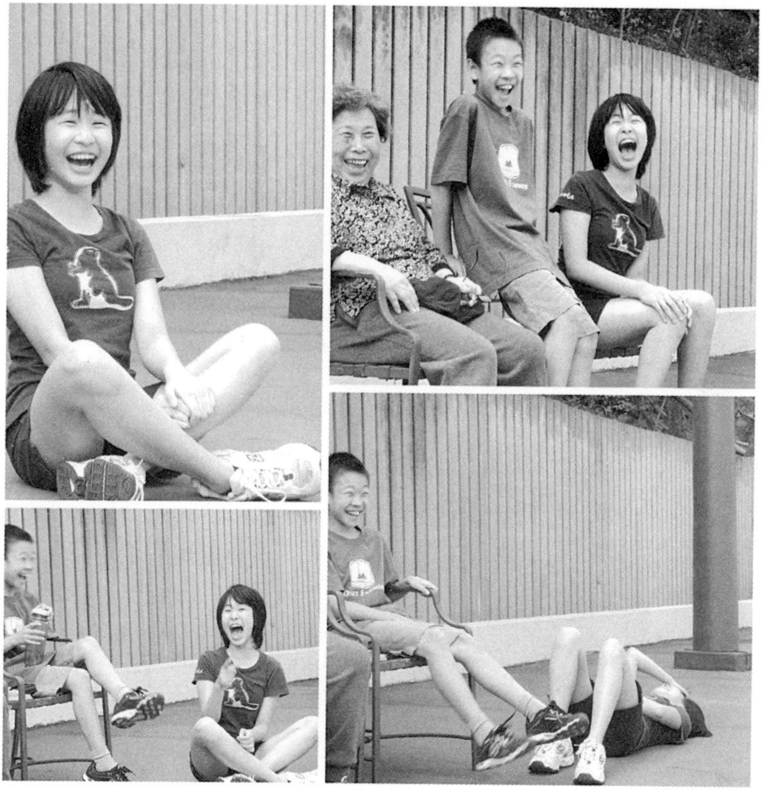

那天爷爷奶奶跟我们去打网球。
看着看着，爷爷突然说，网球很容易嘛。
我们不服气，要爷爷上场打打看。
结果球一来，他一挥，我们霎时笑翻了。
因为拍子根本碰不到球。
爷爷的运动细胞不错。他继续挥拍，我们继续笑。
奶奶跟孙子一起笑翻的场景。太难得，也太美了。

值得同情的孩子

12月9日 寒流

在我看来，他是值得同情的孩子。但是在孩子之间，没有人会同情他。除了家里的大人照顾好自己的孩子，不让孩子落入这样的绝境，不然谁也救不了这样的孩子。

他不遵守团体规则，他漠视团队合作，他甚至嘲笑老师。有一次老师抱了一沓好不容易排列好顺序的文件走出教室，一不小心，文件撒得满地，老师还来不及懊恼，他哈哈大笑了起来。或许，在上帝眼里，他是个天真无邪的小孩。但是，除了上帝，没人这样认为。

“A 今天好可怜。”弟弟说。他的语气里没有同情。

“上分组活动时，A 和 B 吵架，A 就直接拿起 B 的本子往地上丢，还说，你有胆子就跟老师说啊。”

B 是弟弟的好朋友。

“结果，B 一句话也没说，因为老师刚好在后面。”可想而知，A 被老师骂了几句。

“然后，等老师走远了，A 不服气，又将 B 的另一个本子丢在地上，又说，你有胆子就跟老师说啊。”弟弟的眼睛瞪大了，因为他觉得故事最大的笑点要出现了，“结果这次 B 就大声叫老师，说 A 又丢他的本子。”

对不起，这真的是件很好笑的事，我大笑出声。这个孩子也太倒霉了吧。想当个恶霸都当不成。运气竟然这么差。老师又折返将他说了一顿。这个故事简直可以给“豆豆先生”拿去拍电影了。

他有没有被老师骂不是重点，而是他想跟同学“对干”的机会，都不能如愿。还弄得自己一鼻子灰。

我常常听到 A 的故事，通常都是他做了什么惹人厌的事。他跟弟弟同班三年，我知道，他的心地一点也不坏，他只是不知道怎么与人相处。可是，在学校里，如果你常常做出惹人厌的事，没人帮得了你。

要导正这样的孩子，需要很大的耐心和时间。

这个工作，当然非父母莫属。

当老师跟你说你的孩子需要注意时，不管你的孩子是三岁还是五岁，也不管老师说的是对还是错，请父母们一定要先好好地谢谢老师，而且是发自内心地感谢。因为有太多的父母，总是抗拒这类的忠告，才让孩子错失被好好教导的机会。

你只管自己，都不管别人

12 月 10 日 晴

我不赞成骂孩子。但是，当孩子犯错时，当然可以指责，甚至处罚。如果犯的错误太严重，父母大声骂人，也是合情合理的事。只不过，如果你常常大声骂人的话，就得检讨一下，你到底是在发泄自己积压的情绪，还是在教导孩子。如果你能确定不是前者，我猜骂得再大声，孩子都会体谅父母的苦心。

我和先生很少骂孩子。一年一次，大概就是平均数。我是说我，他几乎没骂过姐姐和弟弟。大人不骂孩子，不代表我们对孩子说话的方式都是正确的。昨天我就发现了“要命”的错误——

姐姐、弟弟和爷爷奶奶的感情很好。因为爷爷奶奶很爱孙子、孙女，他们不会将自己的情绪发泄到儿孙身上——慈祥、充满爱意，又不抱怨的长辈，谁不爱呢。

姐姐弟弟小时候，只要爷爷奶奶来了，爸妈的被需要程度瞬间大幅下降。姐姐生活周遭的大小事，甚至“妈妈在路上踩到狗大便”，她都可以特地打电话去跟爷爷奶奶说。搬来香港，姐姐也是三天两头打国际电话去“话家常”，例如“我房间的电灯坏了”“今天晚饭吃了哪三菜一汤”，姐姐都可以当成热门消息向爷爷报告。我从不阻止她打电话，虽然是国际电话。我知道，这种感情，不是发生在每个祖孙之间的。

但是——跨过十二岁以后，她就不常打电话去跟爷爷报告琐事了。她不是不喜欢爷爷，而是她长大了，小时候的那种喜欢，不见了。我心里想的是：爷爷，现在是你遇到了，五年后，我也会遇到。每个爷爷奶奶、爸爸妈妈都会遇到——孩子长大了，强留得住人，也留不住心。

先生知道了父亲的心情，就回过头来要求姐姐。但是我说，你想孝顺父母，自己可以定时打电话回家。你可以提醒姐姐，但不可以强迫她。她只要反问你一句：“为什么弟弟不需要打电话跟他们聊天。”你有话回她吗？

“因为弟弟从小就没这个习惯，所以爷爷也不期待。”如果爸爸这样回她。

“我小时候的习惯，长大不能改变吗？”我会这样帮姐姐回答。

渐渐地，姐姐常常忘了每星期打一次电话给爷爷。如果我想到，我会提醒。大人该做的，是拿起电话先跟父母聊天，然后再请小孩来说说话。自己都不想做的事，却要求孩子去做，合理吗？

“我很忙啊，常常会忘。”这是我帮先生想的台词。

你忙，姐姐更忙——进入青少年的孩子，简直比总统还要“日理万机”。

你自己记不得的事，也别要求孩子记得。

今天是星期六，全家出外用餐，爸爸在点菜时，我跟姐姐相约一起去洗手间。姐姐挽着我的手，随口跟我说了一句：“以后我要记得打电话给爷爷。”

“为什么很多事情，我叫你都没用，爸爸一说就有用？”我说。

“因为爸爸说的那些话，让我觉得有罪恶感。”

谁不想活了！竟然在我的孩子身上使用这种手段。

“爸爸说了什么？”

“他说，我都只管自己，不管别人。”

这就是父母该骂的地方。你想对父母好，没错。你希望孩子配合一点，也没错。但是，你不可以随口批评孩子。她只管她自己，有什么错？一个孩子，能把自己管好，就算得上是好孩子了。“你都只管自己，不管别人”，我帮你说得更精确些，就是“你很自私”。

你批评她自私……你有没有说错话啊？

你可以要求孩子把事情做好，但是你不可以无端批评孩子的“人格”。

你可以大声，但是你只能说他“哪件事情没做好、做对”，而不是直接批评他“这个人”。

任何事情，要求小孩之前，大人要以身作则。不然，孩子也只能做表面功夫，事情是到不了内心深处的。

后记

感情是有阶段性的。

不管多热恋的爱情，总会走到平淡过日子的一天，除非你们还没到那天就分手了。不管曾经多黏着你的小孩，也总会走到他想振翅高飞的时候，除非你希望他永远长不大。

我们都要认清这件事，不要有不当的期待。过多的期待，常常就是痛苦的来源。当这一天来临时，接受它，自己的幸福日子才能继续过下去。因为看看不幸福的人就知道，常常就是过多期待的结果。

父母权威，不可避免的手段

12 月 9 日 冬阳

一家四口打完网球，洗好澡，全都聚在有暖暖太阳的客厅沙发上，我宣布了这个没跟孩子商量的决定：从下一周开始，姐姐和弟弟的网球课各增加十分钟，由二十变成三十分钟。姐姐和弟弟马上“变脸”，客厅的气氛顿时冻结，因为他们讨厌打网球。

我没继续说话，望着窗外的小区网球场，刚刚教完我们的教练，又开始了下一堂课。看着在空中飞来飞去的小黄球，我突然有种感叹：父母对孩子使用权威，是不可避免的手段。很多新一代的父母，为了要不要使用权威，觉得无所适从。

半年前，我找到的这个网球教练，在没征得孩子的同意下，我帮全家在周六早上安排了一对一的网球课。全家对网球都是生手，但爸爸妈妈似乎比小孩热衷多了。连续打半个小时网球的爸爸，汗流浃背，他说流汗的感觉很舒服，即使星期六早上八点就得起床，爸爸也毫不犹豫。我呢，叫我放弃星期六可以赖床的机会，心里也有些不情愿。不过我不能表现出来，因为孩子从头到尾，都不想上什么网球课。

所以，我让孩子星期六早上去上网球课，就是使用了父母的权威。如果我不使用，让孩子自己决定要不要早起打网球的话，那孩子们只会跟一个人打网球，就是周公。

自孩子懂事以来，我规定孩子的每餐饭，青菜一定要吃完。你可以说你吃饱了，不想吃肉、不想吃饭，什么都可以留下，但是青菜不能。也就是青菜没吃完，不能下餐桌。姐姐如今十四岁了，规矩依然没变过。

姐姐和弟弟都不是天生喜欢吃青菜的孩子，所以他们可以跟我说，身体是我自己的，我自己决定要不要吃青菜吗？当然不行。当我说不行时，我使用的就是父母的权威。

我规定孩子早睡。

我规定孩子吃完早餐才能上学。

我规定孩子不能在学校买零食吃。

我规定孩子有额外的中文功课……

在养育孩子的过程中，父母使用权威，根本是不可避免的手段啊。

但父母权威，也不可以滥用。到底哪些是可以使用的，哪些要避免呢？

“我是为了孩子好。”这是父母使用权威的理由吗？对不起，这个理由不够恰当。父母帮孩子做的事，哪一件不是为了孩子好？难不成有父母是为了自己好，才这么尽心照顾孩子？

“为了你好”这句话，只能做，不要说。

这是我使用“父母权威”的原则，请参考：

1. 规范孩子的生活作息。例如早睡早起。

2. 给孩子一个健康的身体。例如：少吃垃圾食物、少喝含糖饮料。看书眼睛要记得休息。刷牙还要用牙线。

3. 锻炼孩子的体魄。例如养成运动习惯、培养运动喜好。

4. 不浪费孩子的人生黄金期。例如看电视，打电动，上网时间，都被严格规范。

5. 增加孩子的快乐指数。例如上网球课。姐姐和弟弟恨死网球课了，哪能增加快乐指数呢？其实，他们不是这么恨打球的。只是进入青少年的孩子，渐渐地不再这么热衷与父母一起的户外活动了。这一点当然不能由着孩子。整天待在家里不活动，绝对不会增加一个人的快乐指数。

我得出的结论是：孩子最恨的是，冷飕飕的天还要早起去上网球课。他们并不这么排斥网球，所以，我只要将上课时间从早上调到下午，问题就解决了一半。

“弟弟，你知道你有打网球的天分吗？”他不理我。

“看你的挥拍和收拍动作就知道。”

他的回应很冷：“我知道。”意思是，那又怎样，我不喜欢打球。

“你和姐姐学会了网球，将来我和爸爸老了，你可以来我们家，我会选一个有网球场的小区，我们可以一起打网球。”

“我才不要跟你们老人打呢。我要跟我的女朋友打。”弟弟说。

“好啊，你跟女朋友打，我和爸爸在旁边帮你加油。”

……聊着聊着，孩子又觉得自己上当了，“我才不要你在旁边呢。”

我说：“不喜欢网球，没问题。我跟爸爸打球的一小时，你们就选一个有兴趣的，跑步、游泳、打羽毛球，什么运动都可以。”你猜，最后孩子会选什么？当事情是逃不了的时候，他们还是会选择跟父母一起。为什么？

什么叫快乐指数？星期日的早上，没有教练，只有我们一家人。什么叫幸福？——一家人一起运动，一起打打闹闹，一起搞笑耍宝。不用看其他人，只要看看爸爸脸上的笑容就知道，他一个月的笑容总量没有这一小时多。更不要提小孩了，他们根本笑疯了。

头　痛

12 月 17 日 晴

印象中，三十五岁之前，我不知道什么叫头痛。但是，我记得小时候，母亲常常头痛，可是不会因为头痛而唉声叹气，我会拿万金油帮她按摩额头和太阳穴。到底孩子的按摩有没有效果，我不知道，但总能感受到母亲满足而真诚的谢意。

所以，当我听到姐姐第一次喊头痛时，很惊讶，“小孩子也会头痛？”姐姐还会胃痛。不过，我对胃痛是有记忆的。初一的我，有一天放学排队要回家了，突然看到初三的学姐在几个人的搀扶之下走出校园。“她怎么了？”我一直都记得那几乎站不住的学姐。“胃痛是什么？怎么会这么严重？”当时我好纳闷。

今天一早，大家都还在睡觉，姐姐来到我们的床边说，“我的头好痛。”“那你这么早起床做什么？”爸爸问。“我还没去遛狗。”父母答应孩子，如果连续遛隐形狗一个月，他们就可以养狗了。今天已经是第二十八天了。

“头痛，今天就不要去了。”我赶紧在睡梦中挤出一句话来。因为我怕孩子忍着头痛去遛狗。“做事情不可以半途而废”从来不是我的座右铭。人要知道变通，只要生活的态度是对的，谁说不能半途而废。头已经很痛了，还勉强自己，根本是食古不化的行为。

但是，谁可以确定，孩子不是因为偷懒而不想去呢？我倾向相信孩子。她前天才发过烧，一定是感冒还没完全好，身体比较虚弱。

吃早点的时候，姐姐无力地趴在餐桌上。我看她刚洗好的头发还湿湿的，便主动帮她吹头发，就在我一只手拿着吹风机，一只手前后拨弄她的头发时，她喊了一声，说后脑勺很痛，不要我碰——我终于开口问了，“你今天不去上学好吗？”我知道她今天有个重要的化学考试，“让老师给你补考，可以吗？”她一听我说完，马上回房间倒回床上。

于是我打电话帮她请假，但我弄不清她是几年几班，还在她的书包里翻来翻去。最后，家里恢复平静，我又坐回书桌写稿。两个小时后，上午十点半，她起床到我的书桌边坐下，我看到她的脸色，知道她的头已经不痛了。

“姐姐，你最近太辛苦了，才初二，不需要这么用功吧。”

“不行，我要读纽约大学。”纽约大学是她的目标。

“不一定要读纽约大学，妈妈读的是纽约圣若望，也可以啦。”

“圣若望很难申请吗？”

“就你现在的成绩，完全不需要再多用功一点点。”两个大学差了十万八千里。“名校”和“健康”，我当然会帮孩子选后者。

“妈妈，我肚子好饿。”原本中午的饭盒，现在拿出来吃吧。

“妈妈，我等会儿想去上学。”看吧，孩子不是偷懒不想上学，是真的头痛。

“离放学还有几堂课？你需要去吗？”

“还有四堂，两堂戏剧表演，两堂英文。”

“戏剧，让别人去演就好；英文，你拿手的，缺两堂课也不会怎样。”我说，“在家里休息吧。”

“去上学好呢，还是在家享福？”姐姐瞪着客厅落地窗外温暖的阳光，自言自语了起来。然后，她竟然跟自己玩起了“孔子下山来点名”的游戏——“妈妈，我要去上学。”

看她在厨房里准备水壶时，我又喊了一声：“你确定要去上学？不要去了。”喊完，我都觉得自己的行径很“不正常”，哪有孩子想要上进，父母还像伊甸园里的蛇，一直丢“诱惑”给孩子呢？

晚饭时分，妈妈不解地问姐姐：“早上，你的头好痛，为什么还是照常洗脸刷牙、吃早点呢？你为什么不跟妈妈说，你不要去上学？”

“我不知道。”姐姐说。

“可是你不说，我不会知道你的头到底有多痛。”

“我上了床还没法马上睡着，因为太痛了。”姐姐说。

“到了帮你吹头发，你不让我吹，我才发现……你知道吗？到底有多痛、需不需要上学，只有你自己最清楚。你的脸上又没有头痛指数显示器，别人不会知道你有多痛。”我下了妈妈的指令，“下次，能不能上学，自己说，不要等妈妈问。不然，这么痛，勉强去了学校，怎么好呢？”妈妈心疼你啊。

孩子点点头。或许她是心里犹豫下不了决定。没关系，妈妈会持续照顾你，直到你可以照顾自己。

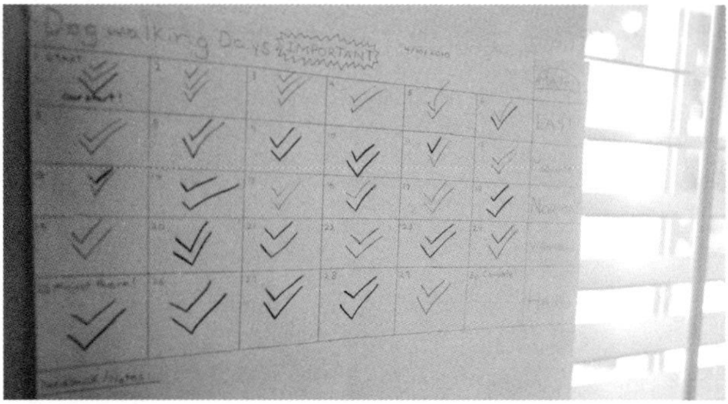

这是弟弟做的“遛狗执行计划表”。他把五周分成五个等级：容易、缓和、中等、积极、困难。只要他和姐姐做到早晚遛狗三十分钟，就可以打一个钩。为什么一格打了三个钩？因为他们的妈妈规定，只要间断一天，就要重新开始。结果都是姐姐出包。但弟弟一点也不气馁。有天姐姐又出包了，又要从头开始了，我忍不住问弟弟：“不可能嘛，三十天不间断，好难。”你猜弟弟怎么说？他回答得云淡风轻：“没有不可能。只要继续，就会成功。”

只差一天就要成功了。那天我俩遛完隐形狗回家，在电梯口，看见小区的公告：本小区不准养狗，请尽快迁移宠物。天哪，我们从来不知道这个规定。努力了这么久，弟弟一定会很难过，他一句抱怨也没。或许他知道，爱他的妈妈，总会想出办法来的。

吃大便

12 月 18 日 暴雨

最近陆续有读者妈妈来信，描述的问题情况都不一样，但我怎么看都觉得事情有个共通点：父母把小事扩大了。孩子们都不大，不到两岁，或是三岁出头。

他们都很用心教养孩子，没错。发现孩子的行为一有偏差，马上就跳起来阻止，好像也没错。我左思右想，当姐姐和弟弟在这个年纪时，这些情况我也遇到过，但最大的差别是：我不那么紧张。

这个年纪的孩子爱哭、固执、只要妈妈，其他人都不行。这不是很正常的事吗？年纪很小，就会打妈妈，好像是很严重的事，但是弟弟也曾经这样，打到连和善的爸爸都准备要“修理”他了。“这么小就打人，长大了还得了？”多数大人紧张的事，为什么我总是老神在在。而且，老天也没偷偷告诉我，“三个月后，弟弟打人的行为就会自动消失”。

孩子，就像还没成熟的苹果，随时都会长大和改变。老天只要给苹果阳光和水，苹果就会慢慢成熟；父母只要给孩子爱心和耐心，孩子也会慢慢成熟。我不急着马上要看到管教的成果。对，就是“我不急”三个字。

你爱哭，我就好好跟你说不要哭；你摆臭脸，我就好好跟你说这样不礼貌；你打妈妈，我就好好跟你说这样妈妈会痛……你做十次，我说十次；你有毅力做一百次，我就有耐心说一百次。

我心里不会想：“你这个坏孩子，我讨厌死你了。”我更不会自己吓自己，“你要是永远都这样，我不是要去跳楼了吗？”

反而，我心里的声音都是：你还小，自制力还很差。你心里根本不想做这些让父母讨厌的事，但是控制不了自己的行为，对不对？

因为这样想，所以，我会想给孩子机会。处罚是管教里的下下策，不到万不得已我不会拿出来用。我希望，在祭出处罚前，孩子的行为都已导正。越少被处罚的孩子，自尊心越高。自尊心越强的孩子，越会生出更多的自制力来管理自己——这就是我管教孩子的大方向。

弟弟，快十二岁了。回想与他相处的这十二年，我只能说，

“谢谢老天将他送给我当孩子。”但这么好的一个孩子，就在两个月前，他跟他的妈妈说这样的话——你去吃大便。

（以下的文字都经过弟弟的检查，不然，我是不能印成书的。）

第一次听到时，我当然很惊讶，这么粗俗的说话方式，怎么可以出现在我的孩子身上呢？

一早叫他起床，即使他很想睡，还是很认命地跳下床。我忍不住赞美他“你好勇敢”，然后就会听到他一早的第一句话是：“你吃大便啦。”

晚上我陪他去遛狗，他吃着自己准备的饼干，然后我也想吃一口，他会说：“你吃大便，你喝尿尿啦。”

昨天晚饭时，我问他要不要吃砂锅里的鲑鱼头炖豆腐，豆腐是他的最爱，他回我：“你吃屎啦。”

“好恶心唷，你真的好恶心。”因为大便在我的想象里，是固体。屎是稀稀黏黏的非固体，刚好鲑鱼头炖豆腐也是，所以我的反应特别强烈……

这可怪了，我明明可以在三个月前，他第一次说出“吃大便”时，就规定他不可以再说。只要我坚持，弟弟就一定会遵守。但是，我为什么不规定呢？因为直觉告诉我：两三岁孩子的固执和十一二岁孩子的反叛都是过渡现象。既然是过渡现象，就表示它会自动消失，所以我不想浪费我的处罚或家规。（它们都是有额度的，用完就没有了，当然要省着点用。）

有没有可能，两岁的孩子会打妈妈，只是孩子不由自主地想要尝试冒险。十二岁的孩子跟妈妈说“吃大便”，会不会也只是他们跟父母宣告“自己长大了”的方式？

我不想将事情无端扩大。我只是在弟弟每说一次时，补上一句“不好听，不礼貌”。有时候一天我得响应三四次“不好听，不礼貌”。而且，你以为弟弟见人就说吗？不，他不会跟别人说这么难听的话，也不会跟姐姐说，只会跟妈妈说。这几天，我发现他也跟爸爸说了一两次，我心里想的却是：“他跟爸爸的感情，越来越好了。”

后记

有没有发现，孩子让你忧心忡忡的行为，不是跟父母或熟识的亲友在一起，常常全都不见了。这时候，你就不需要太担心了。孩子只是拿你当他的“试金石”而已，“为什么我这么倒霉，要养他，还要受他折磨？”孩子当然只能拿爸爸妈妈来“练剑”，因为最有爱的地方最安全。

我闭嘴

12 月 19 日 起风

星期日早上，我叫弟弟起床。其实我刚醒，连几点也不知道，但听到弟弟有动静，“弟弟，你要起床了吗？妈妈去帮你拿衣服。”他没回答，那我就在床边“欣赏”他睡觉的可爱模样。我知道他已经醒了，但忽然发觉自己的牙齿痛痛的，我朝着暗暗的房间，喃喃自语地说：“弟弟，以后喝完酸酸水，都要漱口。”

跟孩子生活习惯有关的，我从来没有“随口说说”这回事。不管是严肃地说，还是轻描淡写地说，之后我一定会监督，孩子也一定要遵守。

“妈妈知道我的牙齿为什么坏掉了。”三个月前半夜发作的牙疼，疼掉了我半条命。虽然紧急在香港治好了，但我在台湾的牙医很纳闷，我定期每四个月都会洗牙。我需要的洗牙方式，健保不给付，因为我的牙周状况太坏了，那种用机器冲洗、二十分钟就完成的洗牙方式，对我不起作用。我的牙齿需要牙医徒手用各种不同钻头的器械，仔细刮干净每颗牙的角落。很痛吗？每次接着我后面洗牙的另一半，都会用不可思议的语气问："你也是这样洗的？我洗得满口血。"我总是眉头都不皱一下地说："我的忍痛指数高于一般人。"

牙医问我是否改变了饮食习惯，血糖如何，不然牙齿怎么可能在短时间蛀掉。我没将她的话听进去，因为我的饮食一向正常啊。

黑暗中，我继续自言自语，"弟弟，我们不是有喝梅汁、蜂蜜水和蔓越莓醋水吗？一定是它们让我的牙齿坏掉的。"梅汁，是养生食品，可以保养我的胃；蜂蜜水，是弟弟的最爱，我也跟着喝；蔓越莓醋水朋友送的，酸的东西，我和弟弟都爱，我们也一起享用。

"一定是我们喝完后没立刻漱口，那么酸的东西，好几个月都这样，把我的牙齿弄坏了。"

"你是说我的牙齿坏掉了？"弟弟果然是醒的，语气中充满了担心。

“你的没有，是我的。”我先安慰孩子，然后打蛇随棍上：

“所以，以后你喝完这些东西，都要漱口。或是喝些白开水漱口。”

“你闭嘴。”他说。

这是最近弟弟对我最常说的一句话。最常做的动作是喷口水。有时候是说完你闭嘴后，直接对着我喷口水。但是多半只有动作和声音，并没有真的喷口水出来。但也有十分之一的概率——真的有口水。所以我终于知道，“喷得我一脸口水”是什么感觉了。

“好，我闭。”我说。孩子一“侮辱”完妈妈，我连反驳都没有，马上“认错”。为什么？人家还在睡觉，你就在床边说规矩，烦不烦人哪！我可以为了我的“扰民”行为道歉，但是你以后要不要漱口呢？

弟弟吃完早点，喝完蜂蜜水，我提醒他，“要漱口。”“我不要。”孩子公然反抗，父母通常会气得跳脚，但是我在心里告诉自己，别再说话了。当孩子公然反抗你的时候，硬碰硬绝对不是明智的选择。

五分钟后，他开始玩玩具了，“你漱口了吗？”我问。

“早就漱好了。”他说。

后记

“吃大便”事件，持续了两个月。后来我回台湾探望生病的父亲，回来后，弟弟就忘了他曾经有过的“叛逆行为”，没再叫我去吃大便了。对不起，我对孩子的管教，就是这么松散，你不要学我。

怎么办？“喷口水”这么大逆不道的行为，到底会持续多久呢？你当我是亲子专家吗，没这回事，我是一点概念也没有的。

只要你愿意听，孩子可以如数家珍地向你展示他们的玩具，三天三夜也不厌倦。

天真的尾巴

12 月 21 日 小雨

这几年，地瓜成了养生食品。简单又健康的食物，妈妈当然不想让孩子错过。煮饭的时候，偶尔切点地瓜一起煮，或是洗干净，连皮一起用电饭锅蒸熟，让孩子连皮一起吃。他们一边吃，我还会一边说："皮最营养了。"因为我得赶在孩子说皮不好吃之前将他们反抗的火苗扑灭。

但是，不知什么原因，这种上一代不屑吃的食物，现在却贵得这么离谱。六个小地瓜，标上日本进口，竟然要价三十二港元。我常常都是拿起来看了看，又放了回去，"猪吃的食物怎么比人吃的还贵。"

我大概太久没出门花钱了，今天竟然放了一包进超市手推车。

这次我没切进饭里煮，而是把它蒸熟，这是最美味的吃法。平时，我几乎不强迫孩子吃什么东西，青菜和豆浆是唯一的例外。健康的地瓜可否进到我宝贝孩子的肚子里，得看老天的造化。

有点挑食的姐姐，走出房间，看到了桌上的地瓜，马上问我可不可以吃一个。可以，妈妈求之不得。

“嗯，挺好吃的。”姐姐在我旁边坐下，问：“妈妈，这里面有没有籽或骨头？”

“你没看过猪走路，猪肉吃过吧。”我看着姐姐的眼睛，说，“这是地瓜，里面怎么会有籽和骨头呢？”

“哦，你说地瓜我就知道了嘛。我还以为这是什么水果呢。”

不久前我才跟姐姐和弟弟解释，为什么我们的钱存在银行，银行帮我们保管，却还付我们利息的道理。孩子年纪渐长，父母可以跟孩子聊的事情也越来越多。“我跟孩子没话好聊”

或是“孩子都不跟我说话”，问题通常不是出在孩子身上。身为大人，我们即使没有学识，知识常识也该比孩子多吧。日常生活里的琐事，可以跟孩子讨论的东西，是永远也用不完的。

“你知道卖这本杂志，”我指着手上的《香港明报周刊》（气质和好看兼顾，我给它第一名），问：“你知道卖这本杂志，老板怎么赚钱吗？”你买它的钱，只是其中一部分，“老板还有什么钱可以赚？”弟弟要我提示再提示，以他目前的人生资历，自己是想不到到答案的。

今天晚饭，我和弟弟不知聊到什么，他竟然以为银行是这样运作的：我们拿钱到银行去存，柜台的后面会有很多小格子，银行就把我们的钱放入属于我们的小格子里。等我们要用钱的时候，就到我们的小格子里去把钱拿出来。怎么记账呢？就是拿一个小簿子记录进出。

“那妈妈到 ATM 去领钱呢？你该不会以为后面有个人帮我算吧？”这个我当然知道啦，“当然是机器先给你，然后再到你的小格子里去扣掉。”

你不知道妈妈听到这种想法，笑得有多灿烂。

“你不要笑我啦。”弟弟说。妈妈不是取笑你，妈妈是觉得你的想法太可爱了。像你这么可爱的孩子，要去哪里找啊！

两个三岁的人

12 月 26 日 晴

孩子一边吃早餐，我一边拿维生素。

离出门还有五分钟，姐姐扒完最后一口早餐后冲回房间“打扮”。

她近来非常爱美，连上学都要画眼线和睫毛膏。

我不喜欢孩子小小年纪就将精力花在这种事情上，但我也不想在这种事情上动用父母的“反对存量”。如果我随便动用“父母反对孩子的权利”，等存量用完的时候，我的反对就会“形同虚设”。所以不到非不得已，我不会随便反对孩子。

此刻，我打开综合维生素的盖子，姐姐和弟弟一人一颗，我正要倒出两颗时突然想到，最近姐姐好像在吃早点时会吃维生素，“她该不会已经吃过了吧？”

“姐姐，你吃维生素了吗？”我朝她的房间喊。我喊得特别大声，因为离出门的时间紧迫，我没时间再问一次。

“吃了。”于是我倒出一颗给弟弟，盖上盖子，又伸手去开另一瓶。

“蓝莓——吃了吗？”另一种维生素，有维护眼睛健康的花青素。

“吃了。”于是我倒出一个人的分量。

“她真的有吃吗？”还在餐桌上吃早点的弟弟问。他俩都不喜欢吃维生素，都需要妈妈提醒。他可能觉得姐姐想故意好像听不清楚妈妈的问题，就此混过一天。

“你问她——吃大便了吗？”弟弟说。我觉得弟弟的“创意”值得鼓励。

于是，我对着姐姐的房间：“你吃大便了吗？”……三秒钟，没有回音。

“再问一次。”弟弟说。

“你吃大便了吗？”又是三秒钟的静默。然后，从姐姐的房间传来：“你很无聊耶，你是三岁小孩吗？”

“弟弟，姐姐骂你是三岁小孩。”

我不要大饼

12 月 22 日 雷

星期日早上，已经日上三竿了，弟弟还在睡。圣诞假期放太久了，孩子起得越来越晚。我轻手轻脚地走进房间，口中唤着小宝贝起床了，实际自己已经挤进孩子暖暖的被窝里。大寒流来袭，哪有比被窝还温暖的地方呢，况且里面还有个香甜的孩子。弟弟慢慢醒了，但我们还是没起床，就躲在被窝里聊起天来了。

“妈妈，如果你和爸爸都死了……”哇，你是什么孩子啊，一大清早……我心里的惊叹号都还没画好，就先告诉自己“好啦，孩子是就事论事，没有要诅咒的意思。你继续说吧”。

“上次你说，如果是你先死，你的财产是给爸爸。”我活该，自己喜欢没事说这些不吉利的话题，“那如果你和爸爸都死了呢？”

“当然就是给小孩啰。”我心里想的是，父母意外死亡留下的财产至少可以抚养孩子到成年。

“所以有一天，你和爸爸都老了、死了以后，财产就是我和姐姐的吗？”呵呵呵，小小年纪，就想谋夺父母的财产。我早就跟你说过老了要靠自己，想靠孩子的人，只能等着喝西北风。

其实，我真的被他的这个结论吓了一跳。（我只是惊讶他的问题。我一点也不难过，孩子竟然开口提到“父母死掉的那一天”。因为，他是就事论事，没有一点诅咒的意思）但是，我马上里斩钉截铁地、毫不留情地吐出：“没有。一毛都没有。”

暗暗的房间里，不靠任何言语和表情，我可以感受到孩子丝丝的疑惑：我一步一步地推理，结论应该没错啊。为什么没有呢？

孩子知道谁是比尔·盖茨。我说：“你知道比尔·盖茨的财产，全都捐给慈善基金了吗？”这个孩子是知道的。“所以你要捐出去吗？”弟弟帮我下了结论。“不是。我会在死前将钱全部花光。”

我又感受到了弟弟的惊讶和疑惑。

“我和爸爸只能工作到六十岁，如果我们活到八十岁，这期间有二十年的时间，我们没有收入，但却要一直花钱。你看看这要花多少钱，所以可能连捐的机会也没有。”我猜，我让孩子的想象第一次到达这么远的地方。

“比尔·盖茨还是留了一小部分给他的孩子。”我实话实说。

“多少？”弟弟问。

“比尔·盖茨留很少的钱给孩子。但是他的很少就花不完。”

“那你会留多少给我？”

“从我和他的财产比例来看，大约是一盒乐高积木吧。”

“妈妈。”

“什么事？”

“那时候乐高积木对我就没用了，你要不要现在先给我？”

哇哇哇，妈妈叫得好大声，我上当了，我上当了。

“可是万一，到时我想送你一栋房子呢？你不是吃亏了。”

“我不要房子，我只要你现在给我一盒乐高积木就好。”

别想画大饼给我，我只要眼前的饼干屑。

跋：听话

有一天，先生开车，姐姐要我坐后座，她要放影片给我看。她一边找一边说："很低级。不过我笑到整桌的朋友都停下来不吃饭，瞪着我看，还说这么无聊的笑话我怎么可能笑成那样。"

这时候，我才知道谁是闹一波大师，他会把英文歌词的一句话，例如 I'm at a payphone trying to call home，改编成"阿妈的配方，猜赢涂口红"，再用这个中文意思做成动画故事结果我一看完，才不管低不低级，也整个人笑翻了过去。

"姐姐，还有没有其他的，我要看。"她从此应该不再怀疑，是我亲生的没错。

汪培珽手记系列，书名很难取。手记就是日记。过日子，哪有特定的主题。我通常取其中一篇文章名当书名，前五本手记《金汤匙里的毒药》《真的放手让你飞》《别在半夜喊妈妈》《不可以交男朋友的100个理由》《偷偷爱着你》都是。以此类推，这本书我应该会选《听话，不要一直看手机》这篇当书名。

取书名，看缘分。那天，姐姐放闹一波大师的影片，动画中的母子俩，儿子吵着要买名牌。母亲表示家里名牌很多，说："不要再乱花钱了，听话。"下了车，我和姐姐进了商场，她又要买这又要买那；她这样乱吵妈妈买东西好多年了，即使我不买，她也不说什么话。这天，我好开心！因为整个逛街的过程，她一说什么好漂亮，我就马上说："不要再乱花钱了，听话。"

我为什么开心呢？因为被吵了这么多年，我终于可以"回嘴"了。有幽默感的管教，最没副作用，也得来不易。

我认识她十几年，她应该也"吵"了我十几年。不管有多吵，我几乎没对孩子说过"听话"二字。"不要再乱花钱，不要再乱吃东西，不要再乱写功课，不要再乱……"这种句型，我有意识地不说。

叫孩子听话，就表示你认为孩子不听话。如果孩子在父母心里的形象是负面的，那么孩子不听话，不是理所当然吗？你已经这样想了，我只是“符合”你的想象而已，不算太坏。

“听话”二字，其实是废话。孩子不会因为你叫他听话，他就听话。大人要说的是为什么要听话的道理，而不是说了一堆让孩子“左耳进右耳出”的话。

“不要再乱……”这种句型，基本上是一种批评。如果父母习惯用负面语气管教孩子，他们就更容易变成你想的样子。我从来不这样对孩子说话，我不只嘴上不这么说，连心里都不这么想。在养育孩子的过程中，无论我遇上什么样的困难，在我的内心最深处，我永远对姐姐和弟弟保持正面和乐观的态度。

正面和乐观，会让你离幸福更近。

《听话，不要一直看手机》是我的肺腑之言。如果你有机会到欧美看看，人们一直看手机的比例比我们低很多；他们人

手一书的比例却比我们高很多。

我说：“看手机的时间越长。生活质量，越差。”

看电影、看书、爬山、健行、喝茶、煮饭、做饼干、骑车、散步、听音乐、看话剧、陪孩子玩耍、陪老人聊天、画画、打鼓、唱歌、做衣服、织毛衣、谈恋爱、做义工、走路上下班、做瑜伽、冥想、闭目养神、买礼物送他人、写卡片感谢别人、帮另一伴儿捏捏背、说笑话给朋友听……

好玩又有益身心的事情这么多。发呆都比把眼光“卡”在小小的一块屏幕上好。

一直看手机，只会让生活越来越没活力。

没活力的人生，是你要的吗？

放下手机，拿本书来看看，听话。

如果有幸，有人把你当成自己的小孩来爱，要珍惜。姐姐和弟弟的童年里，如果少了舅舅这号人物，将会失色很多。这个舅舅最爱带小孩上台北阳明山的擎天岗，不管白天还是黑夜。它将是孩子童年最珍贵的回忆。